# 新常态下农民工
## 体面就业评价体系及实现机制研究

陈　静◎著

西南财经大学出版社
Southwestern University of Finance & Economics Press
中国·成都

图书在版编目(CIP)数据

新常态下农民工体面就业评价体系及实现机制研究/陈静著.—成都:西南财经大学出版社,2024.2
ISBN 978-7-5504-6096-6

Ⅰ.①新… Ⅱ.①陈… Ⅲ.①民工—劳动就业—质量—研究—中国 Ⅳ.①D669.2

中国国家版本馆 CIP 数据核字(2024)第 018726 号

**新常态下农民工体面就业评价体系及实现机制研究**
XINCHANGTAI XIA NONGMINGONG TIMIAN JIUYE PINGJIA TIXI JI SHIXIAN JIZHI YANJIU
陈静 著

策划编辑:杨婧颖
责任编辑:杨婧颖
责任校对:雷 静
封面设计:何东琳设计工作室 墨创文化
责任印制:朱曼丽

| | |
|---|---|
| 出版发行 | 西南财经大学出版社(四川省成都市光华村街55号) |
| 网 址 | http://cbs.swufe.edu.cn |
| 电子邮件 | bookcj@swufe.edu.cn |
| 邮政编码 | 610074 |
| 电 话 | 028-87353785 |
| 照 排 | 四川胜翔数码印务设计有限公司 |
| 印 刷 | 郫县犀浦印刷厂 |
| 成品尺寸 | 170mm×240mm |
| 印 张 | 13.25 |
| 字 数 | 215 千字 |
| 版 次 | 2024 年 2 月第 1 版 |
| 印 次 | 2024 年 2 月第 1 次印刷 |
| 书 号 | ISBN 978-7-5504-6096-6 |
| 定 价 | 78.00 元 |

# "新常态下农民工体面就业评价体系及实现机制研究"课题组成员

课题负责人：陈　静　教授

课题组成员：郭福刚　博士

　　　　　　陈杨洋　硕士

　　　　　　冯兰茜　在读博士

　　　　　　马许莉　硕士

　　　　　　刘芮含　在读博士

　　　　　　李　游　硕士

　　　　　　王梦琴　硕士

　　　　　　陈佳昕　硕士

　　　　　　王姣婷　硕士

　　　　　　罗逸文　硕士

　　　　　　雷宸一　硕士

　　　　　　胡星宇　硕士

　　　　　　刘一宁　硕士

　　　　　　郑诗琪　硕士

# 前言

  随着我国社会经济的不断发展和改革开放的深入推进，大量农村剩余劳动力转移到非农产业和城镇化建设中，他们已经成为我国产业工人的重要组成部分，对我国工业化建设、城镇化建设和社会经济发展做出了重大贡献。在经济新常态下，我国的产业结构不断优化升级，进入全面调整期，旨在合理配置各种社会资源，协调各方社会经济关系，为劳动力市场创造更多的就业机会。但随着产业结构的优化升级，现代服务业、先进制造业、智慧农业等战略性新兴产业占比越来越大，这些行业对劳动力的劳动技能要求也越来越高。作为城镇就业主流的农民工群体，其自身文化程度较低、劳动技能缺乏、社会关系网络资源少且质量较差，大部分农民工仅凭自身体力从事一些简单、繁重的体力劳动，其就业形势面临"用工荒"和"就业难"的双重困境。一方面是结构性失业问题。在经济新常态下，企业自身面临多重困难，加之农民工自身的就业能力差，劳动技能与企业需求不匹配，容易被经济性裁员。另一方面是就业质量问题，即农民工虽然暂时有工作，但其工作不是长期稳定的，其劳动权益得不到保障。农民工逐渐演变成为社会的边缘群体。这双重困境严重地影响了农民工体面就业水平的提高。

  本书立足于如何解决农民工体面就业的现实问题，对经济新常态下农民工体面就业状况展开了理论与实证分析。本书采用文献分析法、问卷调查法和计量分析法，较为深入地分析了农民工实现体面就业的前因变量和后效变量。笔者研究发现，构建多方合作型农民工体面就业实现机制新模式是提升农民工工作与生活质量、组织绩效和有效构建社会和谐劳动关系的较佳途径。通过理论构思，本书构建了农民工实现体面就业的理论模型，并提出了八个相关理论研究假设，从理论视角构建了农民工体面就业的评价指标体系，采用相关性和隶属度分析方法对理论构建的评价指标体系进行实证筛选，采用层次分析法对各指标体系进行权重赋值。权重赋值体现各评价因素对总目标的影响程度，故本书提取权重赋值前10位评价因素进行排序；本书把最终形成的评价指标体系设计成问卷，并采用同度量化方法把调查问卷搜集到的数据进行同度量化处理，构建了农民工体面就业指数评价结构模型，计算出各种条件下的农民工体面就业指数；采用相关性和边际效应分析法对前述八个相关理论假设进行实证检验，所有理论假设均得到验证。本书研究结论如下：

第一，根据确定好的指标权重对前10位评价因素进行排序并与关系层进行对应，笔者发现，农民工体面就业问题的解决需要多方协同治理。排名前三位的分别是劳动报酬、权益侵害和工作机会，这说明农民工体面就业比较注重生存就业和安全就业，这三个因素均可从宏观层面上反映政府职能及运行效率，事关农民工能否体面就业。排名第四、五、六、七位的分别是组织人际关系、是否通过工会组织维权、劳动关系和收入公平，这四个评价因素说明要实现农民工群体体面就业必须注重企业组织的劳动用工制度和工会组织建设。排名第八、九、十位的分别是就医条件、工作—生活平衡和养老保险，这三个评价因素主要体现为农民工生活质量方面的内容。总体来说，排名前十位的评价因素表明，农民工体面就业问题的解决需要政府、企业、工会和农民工自身等多方协同努力，是一项艰巨而复杂的任务。

第二，本书通过构建评价结构模型计算出各种不同条件下的农民工体面就业综合指数。从年龄角度来看，50岁以上农民工体面就业指数水平远远低于综合指数水平；从在企业工作年限来看，体面就业指数水平随着农民工在企业工作年限的增长而提高；从所在的职位角度来看，94.82%的农民工属于企业普通员工，体面就业指数水平低于综合指数水平；从不同区域来看，东部地区的体面就业指数水平明显高于中西部地区，且西部地区最低；从拥有劳动技能的角度来看，近七成农民工不具备劳动技能，只能从事简单、繁重的体力劳动，体面就业指数水平明显低于综合指数水平；从流动次数来看，农民工体面就业指数水平与流动次数呈倒"U"形关系；从工会会员身份来看，89.13%的农民工没有加入工会组织，体面就业指数水平低于综合指数水平。

第三，本书通过对农民工体面就业进行描述性统计分析得知：一是农民工体面就业与各维度指标呈显著正相关关系；二是农民工体面就业综合指数水平堪忧，尤其是生存就业和安全就业存在较大问题。

第四，本书采用相关性和边际效应分析方法验证了农民工体面就业影响因素相关的前五个研究假设。人力资本与农民工体面就业呈显著正向影响关系，社会资本所包含的强关系型社会资本、弱关系型社会资本和社会关系网络质量与体面就业指数呈正相关关系；组织因素中的不同所有制组织的农民工体面就业指数水平存在差异，其中私营企业中的农民工体面就业指数水平最低；不同行业组织的农民工体面就业指数水平存在差异，其中劳动密集型组织中的农民工体面就业指数水平最低，且从比例来看，私营企业和劳动密集型企业中的农民工占比都达到了90%以上；不同经济地域的农民工体面就业指数水平存在差异，其中西部地区农民工体面就业指数水平最低；是否具有工会会员身份的农民工体面就业指数水平存在差异，其中非工会会员身份的农民工体面就业指数水平最低，非工会会员身份的农民工占比高达 89.13%；采用边际效应分析政府职能与效率对农民工实现体面就业的影响：加班工资支付满意度与农民工生存就业呈显著相关关系；未发生过安全事故、不强制加班、参加社会保险险种数量与农民工安全就业呈显著相关关系；建立同工同酬制度、建立劳动技能培训制度、执行带薪休假制度与农民工公平就业呈显著相关关系；具有工会会员身份与农民工有尊严就业呈显著相关关系。由此论证了政府在加强加班工资、安全保护、劳动条件、社会保险、公平待遇、职业培训、带薪休假、工会组织等方面的立法与对企业组织的监督管理有利于提高农民工体面就业指数水平。

第五，本书采用相关性分析法验证了农民工体面就业对其后效变量的影响，即体面就业对提高组织绩效、农民工工作与生活质量和有效构建和谐劳动关系等后效变量呈显著正相关关系。

第六，本书分析了在经济新常态下各影响因素对农民工体面就业水平提高的作用机理。在此基础上，本书提出了政府、企业、工会和农民工自身等多方合作型实现农民工体面就业机制新模式的构建和对策。

陈　静<br>2024 年 1 月

# 目录

# 1 绪论

## 1.1 研究背景与意义

### 1.1.1 研究背景

随着我国社会经济的不断发展和改革开放的深入推进，我国农民工数量呈不断增加态势。《中国住户调查年鉴（2019）》中的数据显示，2018年，全国就业人员为 77 471 万人，农民工总量达到 28 836 万人，比 2017年增加 184 万人，增长 0.64%，农民工占全国就业人口总数的 37.22%，已经成为我国城镇就业的主流人群。如表 1-1 所示，虽然我国农民工总量增长速度放缓，但每年仍然有大量的新增农民工加入这支队伍，他们已经发展成我国改革开放、工业化发展和城市化建设中的劳动主力军，为我国工业化建设、城镇化建设和社会经济发展做出了重大贡献。

农民工群体是我国改革开放过程中农村剩余劳动转移就业形成的一个非常特殊的劳动群体。在转移就业过程中，由于他们自身接受文化教育的程度低、劳动技能缺乏、社会关系网络资源质量差，大部分仅凭简单的体力劳动从事一些简单、繁重、脏累差苦的工作，其劳动报酬低，劳动强度大、工作环境恶劣、劳动安全难以得到保障。另外，农民工主要集中的部分民营中小企业等，为了节省企业成本，不与农民工签订劳动合同、不主动按规定为农民工购买社会保险，劳动环境恶劣、劳动安全事故频发、无故拖欠或克扣农民工劳动收入等现象时有发生，严重地侵犯了农民工的劳动权益，影响了农民工体面就业的实现。

表 1-1　2008—2018 年我国农民工数量统计

| 年份 | 农民工总量/万人 | 农民工增速/% | 外出农民工/万人 | (1)省内流动/万人 | (2)跨省流动/万人 | 本地农民工/万人 |
|---|---|---|---|---|---|---|
| 2008 | 22 542 | — | 14 041 | — | — | 8 501 |
| 2009 | 22 978 | 1.93 | 14 533 | 7 092 | 7 441 | 8 445 |
| 2010 | 24 223 | 3.42 | 15 335 | 7 618 | 7 717 | 8 888 |
| 2011 | 25 278 | 4.36 | 15 863 | 8 390 | 7 473 | 9 415 |
| 2012 | 26 261 | 3.89 | 16 336 | 8 689 | 7 647 | 9 925 |
| 2013 | 26 894 | 2.41 | 16 610 | 8 871 | 7 739 | 10 284 |
| 2014 | 27 395 | 1.86 | 16 821 | 8 954 | 7 867 | 10 574 |
| 2015 | 27 747 | 1.28 | 16 884 | 9 139 | 7 745 | 10 863 |
| 2016 | 28 171 | 1.52 | 16 934 | 9 268 | 7 666 | 11 237 |
| 2017 | 28 652 | 1.71 | 17 185 | 9 510 | 7 675 | 11 467 |
| 2018 | 28 836 | 0.64 | 17 266 | 9 672 | 7 594 | 11 570 |

数据来源：根据《中国住户调查年鉴（2019）》数据计算所得。

体面就业（decent work）即体面工作或体面劳动，自 1999 年伊始被国际劳工组织（ILO）提出，就得到了全世界大多数国家的认同，其成员国为实现和保障劳动者权益而不懈努力，目的是让就业人员在公平、安全、自由和具有人格尊严的条件下，通过消除就业歧视、加强社会保障、增加就业机会和劳动收入，改善就业条件、强化政府、企业和工会的三方协商机制等来维护劳动者权益，实现劳动者的体面就业。我国也高度重视，在不同场合都提出要加强劳动者社会保障、提高劳动收入和改善劳动条件、提高劳动者生活质量，维护其劳动权益，实现全民体面就业[①]。这充分体现出我国奉行的价值理念和对广大劳动者基本权益的重视。

我国经济正处于"三期叠加"阶段，这意味我国经济正在从粗放型高速增长的状态转变为集约型中高速增长状态。在过去几十年时间里，我国经济一直保持着粗放型高速增长态势，在此过程中产生了对劳动力和各种自然资源的大量需求，人们的就业、生活等问题得以有效地解决；而在经

---

① 习近平. 努力让劳动者实现体面劳动、全面发展［EB/OL］.（2022-06-15）［2013-04-29］. http://www.ce.cn/xwzx/gnsz/szyw/201304/28/t20130428_24337576.shtml.

济新常态下，我国就业形势呈现出就业总量增加，人口红利逐渐消失，劳动力总体供大于求，呈现低投入、低成本、低附加值的特点；长期依赖于低人力成本的产品制造企业逐渐失去竞争力，而其向创新型、高端型的制造业转型过程依然举步维艰；传统建筑业、水利水电、煤炭业等行业逐渐萧条，就业矛盾开始从总量矛盾逐步向结构性矛盾转移。作为城镇就业主力的农民工群体，其就业形势面临"就业难"和"民工荒"的双重困境。这双重困境主要表现为：一方面是就业数量的问题。在经济新常态下，企业自身面临多重困难，而农民工自身的就业能力较低，劳动技能与企业需求不匹配。另一方面是就业质量的问题，即虽然农民工暂时有工作，但其工作不是持续稳定的，其深受失业、就业机会少或劳动技能缺乏、收入较低、缺乏社会保障和劳动权益保障等问题的困扰。

### 1.1.2 研究意义

第一，为农民工体面就业的实现提供理论支持。2014年5月，习近平总书记提出了把新常态作为治国理政的新理念，在劳动就业方面让广大劳动者（尤其是较为弱势的农民工群体）实现体面就业，改善其劳动条件、提高劳动收入、加强劳动保障和提高生活质量，维护其劳动权益，这与党的十七大和党的十八大提出的目标与任务是完全一致的。体面就业的实现是广大劳动者的中国梦之一。本书以"就业难"和"用工荒"现象为契机，以体面就业为研究视角，运用劳动力市场的相关理论，构建了比较适合农民工体面就业的评价指标体系，通过实证考察，分析农民工体面就业的前因变量和后效变量，挖掘新常态下农民工体面就业存在的问题以及产生这些问题的缘由，为农民工体面就业的实现提供理论支持。

第二，为农民工体面就业的实现提供了决策依据。本书提出，政府、企业、工会和农民工自身等多方合作型体面就业实现机制的理论构想框架，为农民工体面就业的实现机制提供了决策依据。

第三，为我国将来相关劳动法律法规体系的完善和立法研究做好前期准备。目前，我国对于正规就业群体的相关劳动法律法规体系建设相对完善，而专门针对农民工的相关劳动法律法规体系建设还处于起始阶段，导致农民工群体的劳动就业权益保障存在很大的问题，这在一定程度上阻碍了该群体体面就业的实现。为此，本书将为我国农民工相关劳动法律法规体系建设提供理论与实证研究的依据。

## 1.2 国内外研究现状

### 1.2.1 国外研究现状

国外关于这一问题的研究主要集中在以下三个方面：

第一，体面就业的内涵及目标。"体面就业"是国际劳工组织在1999年第87届国际劳工大会上提出的，目的是"促进男性和女性在自由、公平、安全和具有人格尊严的条件下，获得体面的、生产性的工作机会"，通过消除就业歧视、加强社会保障、增加就业机会和劳动收入，改善就业条件、强化政府、企业和工会三方协商机制等手段来维护劳动者权益，实现劳动者体面就业。该内涵界定主要是从安全视角出发，强调政府应通过相关的劳动立法来保障劳动者的劳动安全；国际劳工组织于2015年重新界定了体面就业的内涵，从企业制度设计的公平性层面出发，强调企业组织要充分保障其员工在工作中的尊严与平等权利；普尤（Pouyaud，2016）从劳动者心理感受及工作经验角度出发，认为公平的晋升机会和工作本身的挑战性能实现劳动者的自我价值，从而实现体面就业；达菲（Duffy，2017）从心理理论视角界定体面就业的内涵，强调安全工作环境、适当的收入、可供支配的劳动时间、医疗保障、组织价值观等物质收入和心理感受方面的体面就业实现。

第二，体面就业衡量指标体系的构建研究。国外学者认为，对体面就业测量指标的研究比对内涵的理解更重要。因为它不仅是衡量一个国家或一个地区的体面就业水平，而且有利于督促体面就业的真正实现。菲利普·艾格（Philippe Egger，2002）、理查德·安克尔（Richard Anker，2002）、大卫·贝斯孔（David Bescond，2003）、佛罗伦斯·邦尼特（FLorence Bonnet，2003）等人分别从社会维度、组织维度和个体维度三个层面构建了体面就业的衡量指标体系，并且将每个维度还划分为多个层面；韦伯斯特（Webster，2015）从个体层面构建了体面就业评价指标体系，主要包括就业机会、工作稳定性和安全性、收入水平、工作时长、工作家庭和生活的平衡、机会公平性、工作环境、社会安全性、社会对话九个层次的内容，并设计成调查问卷。该问卷主要采用非连续性问答方式，被调查者只需回答是或否。但该指标体系在进行结构性构建时缺乏相应的理论基础，显得结构维度缺乏合理性和科学性。费拉罗（Ferraro，2018）以国际劳工组织对体面就业的内涵界定为理论基础，建立了知识型员工的体面就业评价指标体系。该指标体系由 7 个维度、31 个题项构成，主要包括基本原则和价值观、适当的工作时长、生产性工作、公民权的履行、社会保护、机会、健康和安全等。

第三，以非正规就业作为主要研究对象，提出实现体面就业的对策和措施。体面就业与非正规经济是国际劳工组织在 2002 年正式提出的，它要求各政府部门要消除非正规就业的歧视和恶劣的工作环境，正视非正规就业的就业效应。于是，世界各国学者们纷纷展开了一系列政府层面的宏观政策制度方面的研究，如通过财政与税收政策、非正规就业立法、社会保障制度、劳动报酬等手段鼓励企业雇佣非正规就业劳动者和规范劳动力市场，真正保护非正规就业群体的劳动权益，从而实现体面就业；克鲁兹、哈代、桑德斯（Cruz，Hardy，Sanders，2017）通过对自由职业从业者英国舞女的研究，认为该群体缺乏劳动保护，应该通过政府层面颁发执照等法律手段来改善其工作条件和环境，提高其体面就业水平。

### 1.2.2 国内研究现状

国内关于这一问题的研究主要集中在以下三个方面：

第一，体面就业指标体系构建。申晓梅和凌玲（2010）、宋国学（2010）、黄维德（2014）、陈静（2015）等以体面就业四大战略目标和蕴含的基本理念为衡量维度，结合政府、企业、员工自身在体面劳动实现中的相关责权利规定，构建了一套多层次的体面劳动衡量指标体系；丁越兰等（2013）把体面就业的四大战略目标作为结构维度，构建了政府、企业和个人三个层级的体面就业评价指标体系；丛胜美和张正河（2016）以粮农为研究对象，将马斯洛需求层次理论作为理论基础，构建了一套体面就业评价指标体系，包含"生存、劳动条件、社会属性、被尊重和个人价值"五个维度；卿涛等（2016）以企业一线员工为研究对象，构建了一套体面劳动感知评价指标体系，主要有三个维度，即饱满自信、共存包容、尊重认可；徐岩等（2017）以扎根理论为理论基础，构建了企业一线员工和管理者的体面就业的评价指标体系，主要包括工资收入体面感、就业保障体面感、工作氛围体面感、劳动强度体面感、民主参与体面感、职业发展体面感和社会地位体面感七个维度。

第二，从企业以及政府职能等视角来研究和提出实现体面就业的措施。江立华（2002）、艾春岐（2005）、何文举和殷志云（2007）、李朝阳（2011）、朱国敏（2012）、陈海秋（2009）、张琳和杨毅（2014）、孟浩（2015）、徐璐（2015）、于米（2017）、朱飞等（2018），分别从政府参与和制度视角进行研究并提出了构建一套以税收政策、社会保障制度、劳动报酬、劳动技能的培训、资金筹集等为内容的体面就业支持系统，从而保障劳动者的合法劳动权益。

第三，农民工就业质量与体面劳动实现的研究。陈海秋（2009）、韩长赋（2006）、贺天平（2012）、周格（2013）、陈静（2014）、张琳（2014）、丛胜美（2016）、任晓雅等（2019）认为，要实现农民工的体面就业，就必须要考虑以下两个因素：一是就业数量。首先，通过以大力发展社会经济为优先目标，持续稳定地实施有利于扩大就业的宏观经济政策和发展战略；其次，加强职业培训，不断提高劳动者的就业能力。二是就业质量。要实现农民工的高质量就业，必须从制度安排、劳动权益保障、社区服务管理体系等方面入手。

### 1.2.3　研究述评

综上所述，国内外对体面就业的研究成果丰厚，为本书的理论与实证研究提供了重要参考。但目前国内外针对新常态下农民工体面就业研究在两个方面存在薄弱环节。

第一，评价体系构建研究较为薄弱。目前，国内外学者主要是从国家宏观层面对体面就业评价体系进行构建，专门针对农民工群体评价体系的构建却很少；而且其评价指标数量庞大，这些评价指标如何赋值、各项指标的取值准确性与难度等，都给解释新常态下农民工体面就业的现实情况造成了理论与现实的困境。

第二，农民工体面就业在实证评价研究方面较为薄弱。目前，大多数都是从制度安排、公共服务供给、劳动权益保障等方面进行宏观层面的研究，较少有人通过评价体系的构建来评价农民工体面就业的现状及存在的问题，再针对这些问题进行系统的研究并提出相应的对策。

鉴于此，本书拟系统阐述农民工体面就业的基本理论，构建新常态下农民工体面就业的多层次、多维度的评价体系，研究农民工体面就业的影响因素、有效变量及它们之间的耦合关系，构建实现农民工体面就业的理论模型框架，提出基于政府、企业、工会以及农民工自身等多方合作型体面就业实现机制，为实现农民工体面就业提供理论支持、决策依据和行动指南。

## 1.3 研究的内容与思路

### 1.3.1 研究内容

本书研究的总体框架如图 1-1 所示。

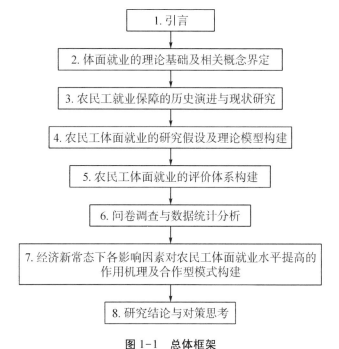

**图 1-1 总体框架**

本书研究的主要内容包括以下八个方面：

（1）引言。本章首先提出本书研究的背景和研究的意义，探析了国内外研究现状，分析了本书的主要研究内容、研究框架、研究思路以及研究方法，介绍了本书的创新之处。

（2）体面就业的理论基础及相关概念界定。本章主要讨论了体面就业的理论基础，同时通过对相关理论的阐述，构建了体面就业实现的理论路径；同时，对国内学者关于新常态、农民工和体面就业的研究进行了梳理，根据社会分层理论和社会结构理论对本书的研究对象——生存型农民工进行锁定。

（3）农民工就业保障的历史演进与现状研究。本章主要采用文献分析法探析我国农民工就业保障的历史进程，采用数据挖掘法搜集到一些具有较高置信度的历史宏观经济数据，以期探究各历史阶段农民工就业保障的情况及存在的问题。本章研究主要分为三个部分：第一部分主要分析了农民工就业保障内涵，第二部分主要论述了农民工产生背景和流动特征，第三部分主要探讨了农民工就业保障的历史演进及现状分析。

（4）农民工体面就业的研究假设及理论模型构建。本章主要探讨了实现农民工体面就业的影响因素，如农民工个体因素、地域经济因素、企业组织因素、工会会员身份和政府职能与运行效能因素。此外，本书还探讨了农民工体面就业实现的后效变量。如果农民工实现了体面就业，将会提高农民工工作生活质量、组织绩效和有利于社会和谐劳动关系构建。最后，本书提出了八个相关的理论研究假设，构建了农民工体面就业实现的理论研究模型。

（5）农民工体面就业的评价体系构建。本章首先梳理了国内外农民工体面就业评价指标体系的相关文献，并从多层级和多维度做了农民工体面就业评价指标体系的文献综述；通过将农民工体面就业内涵所蕴含的基本理论和马斯洛需求层次理论耦合作为农民工体面就业评价指标体系构建的理论基础，结合农民工自身特征和就业特点，从理论视角遴选了5个维度、47个评价因素；采用德尔菲法、隶属度分析法和相关分析法对理论构建的指标体系进行筛选，最终构建了5个维度、32个评价因素的指标体系；采用层次分析法对评价因素进行权重赋值，并对排名前10位评价因素进行排序和关系层对应，说明实现农民工体面就业需要政府、企业、工会和农民工自身多方协同努力。

（6）问卷调查与数据统计分析。本章首先阐释了调查问卷设计情况，统计了回收问卷的基本信息，并对问卷调查进行了信度和效度分析；通过对问卷调查数据的同度量化处理和农民工体面就业评价结构模型构建，计算出各种条件下的农民工体面就业指数；对问卷调查进行描述性统计分析得知，农民工体面就业综合指数水平堪忧，尤其是在生存就业和安全就业方面存在较大问题；本书采用相关性分析和边际效用分析方法对前一章提出的八个研究假设进行了验证支持。

（7）经济新常态下各影响因素对农民工体面就业水平提高的作用机理及合作型模式构建。本章首先阐释了经济新常态对农民工体面就业的影响，探讨了新常态下农民工体面就业的现实困境，剖析了农民工体面就业实现困境存在的原因；随后分析了影响因素对农民工体面就业的作用机理，在此基础上提出了构建以政府、企业、工会和农民工自身等多方合作的农民工体面就业实现机制新模式。

（8）研究结论与对策思考。本章首先进行了九个方面的研究结论归纳总结；其次提出了强化政府职能与提升运行效率，改善农民工宏观就业环境；建立健全统筹城乡的公共就业服务体系，为农民工体面就业提供广泛的就业服务；增加农民工人力资本和社会资本投资，努力提升其就业能力等的对策思考。

### 1.3.2 研究思路

本书的研究思路如图 1-2 所示。

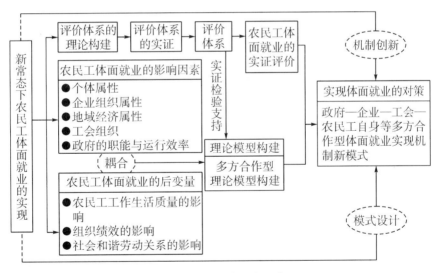

图 1-2 本书的研究思路

## 1.4　研究方法

### 1.4.1　文献分析法

本书通过文献分析法较为深入地剖析了新常态下农民工体面就业的特征和体面就业的内涵、目标、相关理念，以及农民工就业保障的历史进程和现状，从理论视角构建了多维度多层次的农民工体面就业评价指标体系。

### 1.4.2　调查研究法

本书主要采用问卷调查法、个别访谈法、德尔菲法等搜集相关数据对理论构建的评价体系进行实证遴选和赋权，并对理论视角提出的八个研究假设进行实证验证，从而发现真正的问题症结。

### 1.4.3　计量分析法

本书使用计量 SPSS20.0 统计软件对所获得的数据进行处理与分析，通过构建农民工体面就业评价结构模型、相关性分析、描述性统计分析和边际效用分析等方法，评价新常态下我国农民工体面就业指数水平状况和进一步检验理论模型所提出的八个基本理论假设。

## 1.5　研究的创新之处

### 1.5.1　理论创新

本书探索了我国农民工就业的特征、体面就业的内涵、基本理念和目标，从理论上构建了一套较为完善、多层次多维度的评价体系，有助于明确各责任主体的全方位多层次的权利和职责，为农民工体面就业的实现提供了一个新的评价体系框架；本书探索并建立了农民工体面就业的基本概念体系、理论框架和体面就业实现的理论模型，为实现农民工体面就业及其机制重构提供了新的理论依据。

### 1.5.2 应用创新

本书将国外体面就业评价的理论方法运用于我国农民工体面就业实现程度的评价与测量，是对就业评价理论与方法应用的传承和发展；基于评价体系对本书构建的理论模型的实证检验支持，探讨了各影响因素对农民工体面就业的作用机理，提出了构建以政府、企业、工会和农民工自身等多方合作的体面就业实现机制，从全新的视角为农民工体面就业实现路径提供方法。

# 2 体面就业的理论基础及相关概念界定

## 2.1 体面就业的理论基础

对体面就业的理论根源及劳动就业市场特征进行剖析，一方面有助于我们了解劳动就业市场的环境特征，另一方面有助于构建政府、企业组织、劳动者、工会等多方协同治理模式，从而实现农民工的体面就业。国内外关于体面就业的相关研究可谓硕果累累，为本书的研究提供了大量参考。

### 2.1.1 农村剩余劳动力转移理论

"农民工"身份及称谓在国外基本不存在，它是我国特殊二元经济结构和户籍制度的产物，但国外对农村剩余劳动力转移的研究成果丰硕，对我国农民工体面就业有着非常重要的借鉴意义和参考价值。国外学者从宏观和微观两个视角，通过跨学科研究，提出了一系列人口转移理论。

#### 2.1.1.1 宏观视角下的农村剩余劳动转移理论

英国经济学家科林·克拉克（Colin Clark，1940）认为，随着产业结构变革和社会经济的发展，劳动力主要从第一产业向第二、第三产业转移。美国经济学家刘易斯（Lewis，1954）认为，发展中国家的经济部门应分为传统农业部门和现代工业部门，在劳动力无限供给的条件下，农业部门剩余劳动力向工业部门转移吸收替代资本，获取超额利润，从而扩张资本；随着新资本的不断扩张，又会导致工业部门吸收更多的农村剩余劳动力，从而提出了农村剩余劳动力转移的二元结构模型。刘易斯（1954）提出了发展中国家经济二元系统理论，此后拉尼斯（Ranis，1964）、乔根森（Jorgenson，1967）、托达罗（Todaro，1970）等美国经济学家相继对刘易斯模型进行补充和拓展，诠释了农村剩余劳动力的非农化可以消减二元经济结构，回答了农村剩余劳动转移为何不考虑城市失业和隐性失业的问题。

### 2.1.1.2 微观视角下的农村剩余劳动力转移理论

多纳尔·伯格（Donal Burge，1969）、赫伯特（Herbert，1983）等认为，人口迁移主要是迁出地的推力和迁入地的拉力共同作用的结果，推力主要包括农村收入水平降低、隐性失业增多、农村生产的成本增加等，拉力主要包括高收入和福利、就业机会多、较好的工作环境、便利的交通和完善的城市基础设施等。舒尔茨（Schultz，1960）提出了人力资本理论，他认为劳动力迁移是提高人力资本的一种投资形式，当劳动力发现迁移成本低于迁移预期收益时，劳动力就会选择迁移。库尔切尼（Courchene，1970）通过对加拿大劳动力的调查分析，发现劳动力迁移率与人均收入之间呈正相关关系。维德（Vedder，1973）对美国39个城市进行调查统计，发现人口迁移量与人均收入呈弱正相关关系。卢卡斯（Lucas，2004）、巴拉特（Bharat，2013）等发现技术水平对劳动力转移有正向影响，他们认为城市技术水平越高越能吸引更多的劳动力转移。

## 2.1.2 劳动力市场分割理论

劳动力市场分割理论始于20世纪六七十年代，学者们认为劳动力市场通过不同的方法和标准可能被分割为几个不同的子市场，如职业分割、内外部市场分割、产业分割、地区分割、城乡分割等，其中二元劳动力市场分割和内外部劳动力市场分割是劳动力市场分割的重要内容。

### 2.1.2.1 内外部劳动力市场分割理论

该概念主要由克拉克·克尔（Clark Kerr，1954）首次提出，他认为劳动力市场不是完全竞争市场，还存在内部劳动力市场。马洛尼（Maloney，1999）认为，内部劳动力市场具有正规就业特征，属于正规劳动力市场；霍尔蒂万格（Haltiwanger，2002）提出，内部劳动力市场薪酬不受外部劳动力供求关系的影响，其劳动力资源配置和薪酬待遇主要依靠内部需要来解决。高夫（Gough，2006）认为，内部劳动力市场供求失衡主要通过招聘、培训和工作流程再造等方式解决，而外部劳动市场通常是靠工资升降来解决失衡问题的。

2.1.2.2　二元劳动力市场分割理论

皮里奥（Piore，1971）把劳动力市场的竞争因素作为划分依据，把其划分为主要劳动力市场和次要劳动力市场，也称为一级劳动力市场和二级劳动力市场。他认为，这两个市场有着不同的市场运作机制，很难实现劳动力在市场之间的自由流动。他发现，工资水平、晋升渠道、雇佣方式、工作条件、劳动保护、自由配置等在一级劳动力市场均由一定的规章制度确定，而非依靠市场机制。一级劳动力市场表现出高工资、高福利待遇、高稳定就业、高安全、管理规范、工作条件好、劳动保护好、劳资关系平等、晋升机会多等特征；二级劳动力市场却存在低社会保障、低劳动收入、稳定就业差、管理方式粗暴、培训机会缺乏、晋升难等特征。

2.1.2.3　我国的劳动力市场分割

我国过去长期实行计划经济体制和城乡分割的户籍制度，形成了典型的城乡二元经济结构和城乡劳动力市场分割现象。

第一，二元经济结构与城乡劳动力市场分割。改革开放前，我国实行的计划经济体制对劳动力市场的影响依然存在，主要表现为城乡二元经济结构和城乡劳动力市场分割现象；改革开放以来，随着市场经济体制改革的不断推进，我国劳动力市场改革成效逐渐彰显，但我国的户籍管理体制改革还是不够深入，导致城镇劳动力市场没有形成充分有效吸纳农村剩余劳动力就业的有效机制，城乡劳动力在就业保障方面还存在很大的区别。城乡劳动力市场分割现象严重。这种分割现象主要表现在：一方面，农村剩余劳动力一直被称为"农民工"，他们具有户籍在农村、就业在城镇的双重身份，薪酬待遇方面根本不能享受到同工同酬的待遇；另一方面，城乡分割的教育制度导致农村劳动力受教育的程度较低，缺乏劳动技能。他们在城镇主要从事工资待遇低、劳动环境差、劳动强度大和不稳定的简单体力劳动，农村剩余劳动力的自由流动受到限制，很难在自由竞争机制中实现其劳动力价值。

第二，城市之间的劳动力市场分割。近年来，我国政府在户籍制度改革方面取得了不小的进展，但一些问题始终未能彻底解决，限制了城市之间的劳动力自由流动，如果劳动力离开其户籍所在地，意味着其自愿放弃户籍所在地政府提供的各种就业优惠政策，但又因为其就业地不是其户籍所在地，他不可能享受流入地政府提供的劳动就业优惠政策。

第三，城市内的劳动力市场分割。城市内的劳动力市场分割主要表现为：正规就业和非正规就业的保障存在很大差别，其工资收入、福利待遇、工作条件与环境、劳动保护、社会保障、工作稳定性存在显著差别，农村剩余劳动力大多在小微企业、中小企业、个体工商户和灵活就业，劳资双方的劳动关系和谐程度低、劳动者的劳动权益更易受侵害。

### 2.1.3 非正式经济理论

非正式经济理论是社会经济学家哈特（Hart，1973）首次提出的，他认为非正式就业的岗位形成不是政府主观创造的，而是由非正式经济雇佣和自我雇佣等手段创造形成的，非正式就业的岗位成为某些劳动技能相对简单的特殊群体，如农村剩余转移劳动力、城市失业和非熟练劳动力主要谋生的就业形式。费势（Feige，1990）等人认为，非正式经济是指那些未被国家管控，但能获得收入，得不到制度保护的经济行为，是一种特殊的谋生活动和就业形式，部分在劳动力市场上处于相对弱势地位的劳动者为了改善自身生活条件，充分利用自己的劳动成为该经济活动的主要从业者。

### 2.1.4 制度边缘理论

制度边缘理论主要研究非正规就业形式在就业制度和管理体制方面存在的问题。该理论认为，非正式经济是经济体制客观存在的有机组成部分，产生的真正原因是国家经济管理制度弱化，并非像国际劳工组织所认为的是在工作机会不足状况下产生的生存机制，而是在国家严格控制的经济制度下真正市场力量的爆发。丁金宏、冷熙亮等人对我国非正式经济的研究表明，我国从事非正式经济的群体主要是农村剩余劳动力转移和城镇下岗失业人群。他们认为，非正式经济是社会边缘人在制度边缘求生存的就业方式，是失业与就业之间的缓冲层。社会经济学家哈特（1973）认为，非正规就业属于自我雇佣，即劳动就业岗位不是由政府创造的，而是一种大众管理机制，属于边缘劳动力就业市场。法伊格（1993）通过分析研究新制度经济学理论，把非正式就业归为地下经济活动，认为非正式就业属于合法就业，但它摆脱了既定经济制度的安排，是对既定经济制度的强退化。经济学家卡斯泰尔（Castells，1989）通过探析非正规就业产生的缘由，发现许多发达国家加强了企业管制，导致企业经营负担加重，为了降低成本、减少税收和规避政府监管，大部分企业采取制度边缘化的非正式经济活动。这种非正式经济活动，是解决各国劳动就业问题的必由之路，是社会经济发展的客观趋势。

### 2.1.5 生存经济理论

人类学和社会学的研究领域一直聚焦社会底层人群的生存现象。随着社会经济的不断发展，产业结构的不断升级，企业对劳动者的劳动技能要求越来越高，导致大量技能水平较低的工人失业，收入差距扩大，维持生存经济活动现象凸显，其特征主要表现为低保障、低收入、低稳定、生存边缘化等，它与主流经济活动相差甚远，学术界通常采用马斯洛需求层次理论来分析其差异。马斯洛需求层次理论把人的需求从低到高进行排列，分为五个层次，即生理需要、安全需要、社交需要、尊重需要和自我实现需要。每一个层次需要的产生都是基于比它低一级需要得到满足的情况上，而人的生存需要是最基本的需要。生存经济理论认为，生存权是在资源条件允许的情况下所有社会成员享受的最基本的权利，这种生存权的实现是基于人的需求层次性普遍道德观念，认为维持肉体生活资料的需求是最根本的需求[①]。目前，学术界还没有明确界定什么是非正规就业，但我们可以从生存经济理论视角去分析：生存经济者只有通过一定的经济活动方式才能获取保证其生存的生活资料。他们一般是低劳动技能、低收入、低保障、不稳定的社会边缘人群，只能在主流经济的"裂缝"中寻求生存和发展的空间；他们掌握着维持自己生存的手段，为社会主流经济社会提供简单的社会服务。由于长期受计划经济思维的惯性影响，就业人群往往还保持着对正规就业的偏好，非正规就业群体的生存权实现问题往往被社会忽视。

### 2.1.6 公平正义理论

20 世纪 70 年代，美国著名的政治伦理学家约翰·罗尔斯的《正义论》，系统全面地论述了平等的自由原则、公平机会与差别原则[②]，在西方

---

① 詹姆斯·斯科特. 农民的道义经济学：东南亚的反叛与生存 [M]. 程立显，刘建，等译. 南京：译林出版社，2001.

② 约翰·罗尔斯. 正义论 [M]. 何怀宏，译. 北京：中国社会科学出版社，1998.

国家学术界引起了极大的关注。罗尔斯认为，公平正义问题主要是关系到社会分配制度中的基本权利和义务，决定社会生产利益的分配方式。这种分配方式主要体现在政府提供的各项制度都应体现机会公平和法律面前人人平等，社会应该更多地关注弱势群体，对他们实行补偿机制，提供真正的平等机会，创造理性的公平正义。

目前，我国的农民工群体在劳动就业方面完全处于弱势地位，他们由于自身劳动技能水平较低，难以公平地分享社会改革成果。在社会经济活动领域，充分利用部分社会公共资源，对该群体适当提供补充的机制非常必要。因此，政府应该通过积极制定相应的政策来保障农民工群体的合法劳动权益，实现社会的公平正义。

### 2.1.7　人力资本理论

人力资本概念是美国经济学家舒尔茨（Schultz, 1960）在其专著《人力资本投资》中首先提出的。后来，通过贝克尔（Becker）、明塞尔（Mincer）等人的不断完善，逐渐形成了人力资本理论。舒尔茨认为，人力资本包含数量和质量两个方面，可以通过教育、培训、干中学和劳动力流动等投资方式进行人力资本积累，促进个体经济收入增长，缩短社会收入差距；人力资本可以推动国民经济增长，其作用远超其他物质资本和规模生产，是促进国民经济增长的动力源泉。继舒尔茨之后的研究认为劳动者人力资本水平一般取决于两个方面的因素，一是先天资本禀赋，二是后天的教育、培训、健康、经验和劳动力流动等投资。先天资本禀赋无法改变，但后天教育、培训等投资方式是个体获取人力资本水平提高的最重要方式。本书也认为，后天的教育、培训等是提升个体人力资本最重要的方式，劳动者通过人力资本投资，获取职业技能，进而影响到职业选择、就业稳定、职业发展和收入水平等，提高其就业质量。

### 2.1.8　社会资本理论

社会资本理论完全不同于人力资本理论，它是随着资本的内涵与概念拓展而来的，社会资本理论研究主要从宏观、中观和微观三个视角进行。在宏观视角层面，美国学者罗伯特·普特南（Robert Putnam, 1993、2000）从政治学角度出发，认为社会资本是一种包括规范、信任和关系网络等的组织形式，能让组织成员以相互合作的形式提供社会效率，具有公共产品属性，能通过社会网络和其他约束机制，阻止"搭便车"行为和机会主义现象发生，从而提高社会效率。福山（Fukuyama，2001）从文化视角出发，认为社会资本是一个群体中所有成员共有的，可以进行合作的非正式的价值观或准则，包含伦理道德、相互信任、宗教思想等。其信任程度越高，组织创新可能性越大，社会经济就越发达。在中观视角层面，詹姆斯·科尔曼（James Coleman，1988、1990）认为，社会资本是个人拥有的社会结构资源，具有公共物品性、不可转让性和生产性等特性。美国芝加哥大学社会学博士罗纳德·博特（Ronald Burt，1992）从社会网络结构的角度分析社会资本，提出了"结构洞"理论。他认为，人与人之间的交往总是依赖特定的人，当双方信托关系不是很稳定时，与双方关系较为密切的第三者就占据一个结构洞，在类似亲属关系的强关系型社会资本中，结构洞就很难产生，当结构洞越多，获取社会资源的成本就会越低。在微观视角层面，法国社会学家布尔迪约·皮埃尔（Bourdieu Pierre，1980、1986）最早提出社会资本概念。他认为，社会资本是一种把社会关系网络与社会资源集合在一起的、被公众认可和熟知的制度化关系网络。

## 2.2  理论基础述评

通过对上述相关理论的梳理与回顾，本书认为，农民工是我国改革开放后出现的新名词，国内外专门针对农民工的理论研究相对缺乏，但关于农村剩余劳动力转移理论和劳动力市场分割理论的相关研究为诠释我国农村剩余劳动力向城市流动奠定了理论基础，农村剩余劳动力流向城镇，在城镇从事非正式经济活动，成为具有双重身份的具有特殊地位的社会边缘人。他们是在制度边缘求生存和发展的群体，自身具备的有差异的需求层次、人力资本和社会资本等资本禀赋较少，导致其在就业过程中，就业地位和体面就业的实现程度有所不同。因此，需要社会各界给予这个特殊群体一些关注。理论上，具有越高的需求层次和较丰厚的人力资本与社会资本等资本禀赋的群体，其体面就业实现的可能性就越大。农民工体面就业的理论路径如图 2-1 所示。

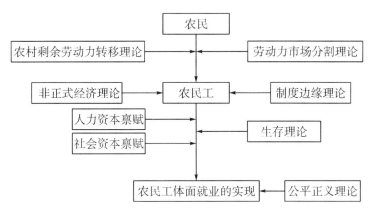

图 2-1　农民工体面就业理论路径的构建

## 2.3　相关概念

### 2.3.1　新常态

"新常态"是习近平总书记于 2014 年 5 月在河南考察时首次提出的。2014 年 11 月,国家主席习近平在亚太经合组织(APEC)上首次系统阐释了中国经济新常态;2014 年 12 月,习近平总书记在中央经济工作会议上对"新常态"的九大特征进行了系统诠释,这标志着"新常态"已经成为我国政府执政的新理念,将给中国带来新的发展机遇。我国经济新常态主要具有以下四个方面的特征:一是经济结构不断升级优化,城乡差距逐渐缩小,第三产业占经济总量的比重逐步上升;二是经济增长速度放缓,由原来的粗放型高速增长逐渐转变为节约型中高速经济增长;三是产业结构不断调整,结构性失业比重提高,技能型人才紧俏;四是经济增长的动力由原来的投资和要素驱动逐渐转变为创新驱动,经济增长动力趋向多元化。目前,我国经济正处于经济增长速度换挡期、产业结构调整阵痛期和前期刺激政策消化期的"三期叠加"的特殊时期,经济发展正式步入新常态,需要政府保持政策定力,从总量宽松、粗放刺激转向总量稳定、结构优化(张占斌,2014)。

### 2.3.2 农民工及研究对象

#### 2.3.2.1 农民工概念界定

国外许多发达国家早已经历了从农业社会向工业社会转变的过程，其间没有经历过计划经济、没有类似我国这种严格的户籍制度，它们的工业化和城市化几乎是同步进行的。这些国家没有像我国农民这样离开土地依存进入城市寻求职业谋生的人群，因而"农民工"是属于我国特殊历史时期产生的新名词。随着我国改革开放和农业现代化推进的不断深入，大量农村剩余劳动力进入第二、第三产业寻求谋生，不仅大大地推进了我国城镇化建设的进程，也在一定程度上推动了农村经济的发展，少数农村劳动力能成功通过市民化途径直接转化成城市居民，完成农民—城市居民的直接转变，而大部分农村剩余劳动力由于户籍制度或二元经济制度的阻碍，在农村剩余劳动力市民化转移过程中出现职业流动与社会身份转换不协调的问题，催生了农民工这个特殊群体。关于农民工的概念，纵观学者们的研究，主要有以下三个观点：一是农民工是身份与职业的结合，农民是身份，工是职业，是指具有农村户籍却从事非农生产的农村剩余转移劳动力，传统户籍是其主要标识；二是农民工是指户籍仍然在农村，但常年或一年中大部分时间在从事非农生产的农村剩余劳动力，时间是主要标识；三是农民工是指身份仍然属于农民但通过非农生产获取工资收入的农村剩余劳动力，工资收入是其主要生活来源，工资收入是主要标识。《全国农民工监测调查报告》中把农民工界定为"户籍仍在农村，在本地从事非农产业或外出从业 6 个月及以上的劳动者"。

本书把农民工界定为户籍仍在农村，外出从业 6 个月及以上或在本地从事非农生产、以工资收入为主要经济来源的农村剩余转移劳动力。

#### 2.3.2.2 本书的研究对象

本书的研究对象是农民工群体。农民工群体存在不同的层次结构划分，少部分层次级别比较高的农民工自身已经实现体面就业，因此他们不属于本书的范围。本书依据社会分层和社会结构理论把农民工分成不同层级，最终锁定本书的主要研究对象。

（1）农民工层级划分的理论基础。

第一，社会分层理论。社会分层理论是社会学研究的核心，早期经典社会分层结构理论的两个代表人物分别是马克思和韦伯。马克思主要依据是否占有生产资料进行社会阶层划分，韦伯则是在马克思研究的基础上提出了包括身份、阶级和党派的多元社会分层理论，他依据权力（政治地位）、财富与收入（经济地位）和声望（社会地位）三个维度进行社会阶层划分[①]；其后，涂尔干提出功能主义社会分层理论，他把职业群体和职业共同体作为社会群体的基础；美国社会学家帕森斯把荣誉或地位作为社会分层的重要维度。克博（2012）[②]指出，社会分层理论研究大多是围绕韦伯的权力、地位或权利三个维度中其中一个维度进行展开的，主要分为功能论和冲突论。功能论主要强调维护社会秩序的积极功能，冲突论则主要强调不同利益群体之间的冲突。

第二，马克思的社会结构理论。马克思最早在其著作《政治经济学批评》中提出"社会结构"一词，他认为，人们在自己生活的社会生产中发生一定的、必然的、不以他们的意志为转移的关系，即同他们的物质生产力的一定发展阶段相适应的生产关系，这些生产力的总和构成社会的经济结构，即有法律的和政治的上层建筑矗立其上并有一定的社会意识形态与之相适应的现实基础。物质生活的生产方式制约着整个社会生活、政治生活和精神生活的过程[③]。从马克思的社会结构理论得知，社会结构主要是人们在长期的社会交往中形成的各种社会关系网络，包括政治关系网络、经济关系网络和文化关系网络等。各种政治、经济和文化关系等社会关系网络总和共同构成社会结构的整体。

（2）农民工群体分类。

第一，根据马克思的社会结构理论分类。根据马克思的社会结构理论中的社会构成要素——地域关系与产业结构类型进行分类，农民工可以分为东部就业的农民工、中部就业的农民工和西部就业的农民工三类。其理论依据是：首先，从经济发展基础及速度视角来分析，我国优先改革开放的地区是东部地区，其经济发展处于全国领先水平，经济基础较中西部地区更雄厚；我国改革开放政策策略是由东部沿海地区逐步向中西部地区延伸，东部地区邻近大海，得天独厚的自然条件使其经济发展速度明显快于

---

① 马克斯·韦伯. 社会学的基本概念 [M]. 胡景北, 译. 上海：上海人民出版社, 2000.
② 哈罗德·克博. 社会分层与不平等：历史、比较、全球视角下的阶级冲突 [M]. 蒋超, 等译. 上海：上海人民出版社, 2012.
③ 马克思, 恩格斯. 马克思恩格斯文集：第 2 卷 [M]. 北京：人民出版社, 2009.

西部地区，农民工的需求是这些地区经济发展的必要条件，两者之间的相互需求直接决定了农民工的工作条件、工作环境、劳动报酬和社会保障等。其次，从产业类型和结构角度来分析，轻型产业或轻重混合型产业主要分布在东部地区，中部地区的工业结构呈现出过渡性特征，重型产业主要分布在西部地区；东部地区主要以第二、第三产业为主，中西部地区以第一产业为主。

第二，根据韦伯的社会分层理论分类。根据韦伯的社会分层理论中的利益关系对农民工进行分类，可以分为自我发展型农民工和生存型农民工。自我发展型农民工属于利益获得群体，如从事管理、技术等工作的农民工以及工商个体和私营业主等，该群体受教育程度较高，或有一定的专业技术水平，或具有较丰富的工作经验，在就业过程中已经享受到了国家财政、税收或工商等优惠政策，拥有较强的谈判能力和社会关系资源的运作能力，能在自由、平等、有人格尊严的条件下实现体面就业，但这部分群体属于农民工群体的极少数；生存型农民工主要是指利益受损型群体，如个体、私营或小微企业的基础员工、灵活就业群体、公共部门的临时服务人员等。这部分群体受教育程度和劳动技能水平较低、社会资源贫乏，只能依靠自身简单劳动在劳动力市场上就业，劳动关系博弈能力差，依法维权意识淡薄，处于边缘化的就业地位，该群体人口占农民工群体的主流。具体见图 2-2。

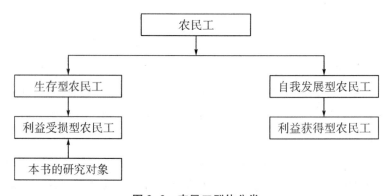

图 2-2　农民工群体分类

第三，根据社会分层理论与社会结构理论分类。根据社会分层理论中的利益关系和社会结构理论中的职业类型关系分类，本书同时参照陈静的博士论文《体面劳动视角下城镇非正规就业群体劳动权益保障研究》中的分类方法①，把农民工群体分为以下三种类型：一是追求个人职业发展的农民工，他们具有初中以上文化水平及初级以上专业技术水平，能在一定规模企业长期、较为稳定地就业，他们在个人收入、工作条件、社会保障等方面均能实现体面就业，他们被称为自我发展型农民工；二是政策优惠型农民工，如个体或工商服务业主、私营企业主、小微企业业主等农民工，他们的从业过程中能享受国家给予的税收、工商及财政等优惠政策，也属于利益获得型群体；三是生产保障型农民工，他们只具有初中以下文化水平，劳动技能水平较低，长期受雇于个体工商户、小微企业，从事体力劳动，他们从业的目的就是满足自身及家庭的基本生活需要，他们属于利益受损型农民工。具体见表 2-1。

表 2-1　农民工结构分层

| 类型 | 类别 | 群体构成 | 主要从业领域 | 从业原因 | 职业特点 | 从业目的 |
|---|---|---|---|---|---|---|
| 利益获得型农民工 | 第一类 | 初中以上学历，具有初级及以上专业技术的农民工 | 有一定专业技术水平要求的行业、文化领域、咨询服务领域 | 能够追求更多、更好的就业机会，能获取较多的经济收入，就业具有一定的主动性 | 有一定的专业技术水平、就业机会多、劳动报酬水平高，劳动关系与报酬收入均较为稳定 | 自我发展型农民工 |
| | 第二类 | 个体工商户、私营企业、小微企业业主或合伙人 | 国家政策扶持的企业或行业、有一定专业技术水平要求的行业、服务业 | 由于能够享受国家政策支持，劳动报酬水平较高、就业机会较多、就业也具有一定的主动性 | 就业处于正规就业与非正规就业的边缘地带，报酬收入水平较高 | 政策优惠型农民工 |
| 利益受损型农民工 | 第三类 | 初中以下学历，专业技术水平较低的农民工 | 个体或工商服务业、小微企业、建筑业、城市公共设施服务业、社区服务业等 | 主动就业难、专业技术水平较低、被迫接受非正规就业 | 专业技术水平较低、劳动报酬水平较低，就业具有被动性、劳动权益保障易受到侵害 | 生存型农民工 |

（3）本书主要研究对象——生存型农民工。

本书主要研究对象为生存型农民工。该群体具有下列四个特征：一是劳动关系松散。雇主很少与农民工签订劳动合同，几乎不用企业建立稳定的劳动关系。二是进入门槛低。生存型农民工主要在个体、私营、工商及

---

① 陈静. 体面劳动视角下城镇非正规就业群体劳动权益保障研究 [M]. 成都：西南财经大学出版社，2015.

小微企业等非正规部门就业，这些非正规部门经营范围广，对劳动者劳动技能要求低。三是生存型农民工普遍缺乏社会保障，尤其是城镇职工的养老、医疗、工伤等保险参与率低，他们经常面临工伤、失业、歧视和欠薪等不平等待遇。四是劳动报酬低。该群体主要从事城镇劳动技能要求较低的较脏、较累、较差的工作，劳动报酬低，这些非正规部门随意压低工资现象时有发生。所以，将该群体作为研究对象具有较大的研究价值。

### 2.3.3 体面就业的定义、内涵及特征

通过梳理国内外研究对体面就业的概念发现，学者们主要从体面就业的定义、内涵及特征几个方面进行。

#### 2.3.3.1 体面就业的定义

"体面就业"是国际劳工局局长胡安·索马维亚在 1999 年 6 月召开的第 87 届国际劳工大会上首次提出的，目的是应对经济全球化背景下出现的各种社会、劳动等方面的问题。体面就业不仅能够实现国际劳工劳动权益的保障，而且有助于促进全球公平正义的实现。根据他的论述，体面就业是指促进男女在自由、公平、安全和具备人格尊严的条件下，获得体面的生产性的工作机会。这意味着，在国家、企业、工会三方协同治理下，不管什么性别的劳动者，只要从事生产性劳动，就应该在公平、安全、自由和受尊重的条件下，获取充足的工作机会和公平的劳动报酬，以及有保障的劳动权益和充分的社会保护，有权参与社会管理及对话。

综上所述，本书将体面就业定义为：政府、资方与工会三方协同治理，改善劳动条件和劳动环境、强化社会保护和维护劳动者基本劳动权益，让劳动者在公平、安全、自由和有尊严的社会条件下，获取充足的工作机会和公平的劳动报酬，保障劳动者的基本合法劳动权益。

#### 2.3.3.2 体面就业的内涵

体面就业作为解决劳工问题的重要战略措施，其内涵包括以下五个方面的内容：

第一，国际劳工标准及权利的保障。20 世纪 90 年代，国际劳工组织提出的国际劳工标准成为体面就业的基本内容，国际劳工标准的核心内容包括劳动者有集体谈判、结社自由、同工同酬、消除就业歧视、自由组织工会、禁止强迫劳动、禁止雇佣童工等基本权利。这些权利与原则作为劳动者劳动权益保障的制度保障，为劳动者体面就业的实现提供法律支撑，

保障了劳动者社会管理中有对话参与权，因此，工作重点基本原则与权利是体面就业实现的前提和基础。

第二，促进就业。就业是人类赖以生存的基本权利，劳动者通过就业求得自身生存与发展，保障家庭及自身基本生活所需，因此就业的重要性不言而喻。尊重劳动者的就业权，让劳动者自由选择职业，增加培训机会提升其劳动技能，获取公平的劳动报酬，享受充分的社会保护，禁止性别、种族、年龄、地域等方面的歧视。促进就业是对劳动就业的充分尊重与保护，是体面就业的战略目标之一。

第三，提供社会就业保护。社会就业保护是指满足劳动者基本社会保障，避免劳动者受到意外事故或伤害，包括职业安全和社会保障两个方面的内容。就业过程中，劳动者难免会遇到失业、疾病、意外及伤残等问题，部分劳动者在工作中也会遇到如噪声、高温、粉尘、高空或超负荷等问题，这些问题都会严重困扰劳动者本人及家庭的生存与发展，也会阻碍社会经济发展及和谐社会构建。因此，要实现劳动者体面就业，我们就必须要对弱势劳动群体提供充分的就业保护，建立健全社会保障体系，扩大社会保障覆盖面，丰富社会保障内容，减轻弱势群体负担。

第四，加强社会对话。体面就业的实现离不开政府、资方和工会三方的协调治理，构建三方协商机制，加强劳动者、工会与政府和资方之间的沟通对话，保障劳动者依法享有对社会管理的参与权和话语权，能在三方协商过程中充分表达自我愿望与需求，维护自身利益，从而缓解劳资矛盾，减少不必要的劳动争议，构建和谐劳动关系；此外，农民工体面就业的实现离不开劳资双方的协商对话，企业应建立职工民主参与管理制度、集体谈判制度，劳动者对企业部分影响自身利益的决策有权提出申诉。

第五，有利于劳动者个体发展。体面就业的公平原则主要体现在劳动者能平等享受劳动技能培训和就业能力提升权利，这就要求政府或企业组织应该构建完善的职业培训体系，提供职工平等竞争机会，让劳动者在就业过程中能充分享受公平的晋升与提拔机会，提高其劳动技能，从而促进劳动者的身心健康发展。

### 2.3.3.3 体面就业的特征

农民工体面就业的实现是构建和谐劳动关系的基石。其特征表现在以下六个方面：

第一，体面就业是以人为本的就业。以人为本的理念在体面就业中主要表现为：劳动者能充分享受工作中的基本权利，保障劳动者能获取体面的劳动报酬以满足本人及家庭生存与发展，为劳动者提供完善的社会保障、平等的职业培训和职业升迁等机会，劳动者可以在就业过程中直接或间接地要求与组织或政府进行协商对话，能自由地表达自己的意愿与看法，参与组织及社会管理。这些以人为本的理念，充分体现了社会及企业组织对劳动者的尊重，为劳动者创造了更好的劳动条件，让其公平享受现有社会劳动成果。让广大劳动者实现体面就业，是以人为本的要求，是时代精神的体现，也是尊重和保障人权的重要内容。从这个视角来看，体面就业不仅是纯粹的劳动权益保护，而且能体现组织内外部、组织与员工之间的劳动地位与价值观的文化关系，包括价值观、道德与法律观念、政治观念等文化范畴，对劳动者实施文化和精神层面的人文关怀，想方设法解决职工的后顾之忧，积极开展各种娱乐活动，能够让劳动者得到社会的尊重和认可。可见，以人为本是体面就业的基础。

第二，体面就业是关注弱势群体的就业。部分劳动者自身文化素质较低、人力资本禀赋缺乏、社会资本禀赋较低等原因，导致他们弱势的劳动力市场地位，很难匹配到合适的工作，非正规就业或灵活就业是他们主要的就业渠道，从而导致其就业质量低，劳动权益保障缺失，没有完善的劳动技能培训体系和职业升迁机会，劳动报酬很难实现同工同酬。像农民工一样的弱势群体本身又是推进城镇化的主力军，他们是一个非常庞大的群体，他们位居社会劳动的底层、劳动权益易受到侵犯，他们是体面就业的弱势主体。

第三，体面就业是有尊严的就业。体面就业是劳动者在充分享受人身自由情况下自主性就业，不应受他人强迫或是在自我强制性条件下的服从性劳动，劳动者在劳动过程中应具有人格尊严。体面就业要求为劳动者提供充分稳定的就业机会，安全的工作环境、充分的社会保护、完善的社会保障体系、自由择业的权利等就业保障，尊重劳动和劳动者，体面就业的实现过程是劳动者获得尊严，争取自主、公平待遇，最终获得自我实现的过程。

第四，体面就业是有回报的就业。国际劳工组织对体面就业的定义中强调，让劳动者获得足够的劳动报酬以满足劳动者及家庭基本生存和发展的需要。习近平总书记多次强调，要不断提升劳动者尤其是基层劳动者的报酬收入，让广大劳动者实现体面就业。在劳动生产过程中，劳动者应该获取符合其劳动价值的劳动报酬，享受同工同酬待遇，避免因身份或其他因素遭受不公平待遇。目前，在我国处于弱势地位的劳动者的劳动报酬可能在很长一段时间内未能体现同工同酬待遇，劳动力价值被低估，劳动回报低等现象存在，体面就业的实现显得尤为迫切和重要。

第五，体面就业是有保障的就业。国际劳工组织对体面就业的定义包括：一是劳动者要拥有一些基本的劳动权利（就业权、自主择业权、自由结社权、获取劳动报酬权和集体谈判权等），这些权利能为劳动者提供长期的生活保障；二是体面就业还要求政府和社会组织为劳动者提供社会保护，包括职业安全措施、社会保障体系和安全的工作条件等。当劳动者在就业过程中遇到恶劣的工作条件时，政府的社会保护措施可以防止工伤事故和职业病等问题的发生或减少这些问题带来的伤害。

第六，体面就业是对话的就业。这是指一种政治状态，劳动者在就业过程中必须拥有充分的就业权、社会保障权和良性沟通对话权。劳动者通常采用沟通对话方式参与企业或社会管理，在与自己利益相关决策方面享有发言权，以满足劳动者更高层次的需要。劳动者在就业过程中，当受到尊重与组织领导处于平等地位参与组织的各项决策与各级管理工作时，其组织信任感将倍增，从而增强其社会责任感。因而，体面就业是一种对话的就业，既可以激励劳动者个人，又可以保障组织目标的实现。

## 2.4　小结

本章主要讨论了体面就业的理论基础，通过论述相关理论，构建了体面就业的理论路径；同时，对相关概念（新常态、农民工和体面就业）研究进行了梳理，并提出了本书的研究定义。根据社会分层理论和社会结构理论对本书的研究对象进行了锁定，为后续的研究打下基础。

# 3  农民工就业保障的历史演进与现状研究

## 3.1  就业保障的内涵

改革开放以来，我国建立了适应社会主义市场经济体制的就业保障制度框架，针对农民工群体，这个制度框架主要包含以下四个方面的内涵：一是建立了以劳动合同法为依据的、对各种就业形式的农民工的劳动就业保护体系，包括以劳动合同为依据的企业用工制度、最低工资标准增长制度、工会组织等制度体系；二是建立了覆盖城乡就业的社会基本保险体系，包括养老保险、医疗保险、生育保险、工伤保险和失业保险等城乡基本社会保险体系；三是针对农民工群体的社会福利，包括住房保障体系和劳动技能培训教育体系；四是建立了与农民工息息相关的失业救助制度体系。就业保障的内涵与体面就业的战略目标基本一致，在促进我国就业、保障职工生活、抵御就业风险等方面起到了非常重要的作用。

## 3.2  农民工的产生背景及就业特征

### 3.2.1  劳动力各产业间分布不均、农村非农产业滞后

我国是人口大国，丰富的劳动力资源是推动我国社会经济发展最主要的资源。从表3-1可以看出，1986年，我国总就业人口为51 282万人，占总人口的比率为47.7%。我国就业人口占总人口的比率从1986年的47.7%逐

年上升到 2007 年的 57.0%,2007—2018 年略微下降,但均在 56% 左右波动,总体来说,我国就业人口总量趋大;但农村劳动力就业人口从 1986 年的 37 990 万人逐年上升到 1997 年的 49 039 万人。由此可见,这期间大量的劳动力资源主要聚集在农村,当时农村非农产业发展非常滞后,导致我国各产业之间的劳动力分布极为不均,大量农村剩余劳动力产生。改革开放和户籍制度改革的不断深入,为农村剩余劳动力城乡流动就业创造了条件,大量农村剩余劳动力涌向城镇就业,成为农民工。从 1998 年开始,我国农村就业人口规模逐年下降,至 2018 年我国农村就业人口规模下降到 34 167 万人,在 1998 年的基础上我国农村就业人口平均每年下降 742.7 万人,下降率为 30.30%,由此可见,现阶段我国农村劳动力资源已经呈稳定下降趋势。

表 3-1　1986—2018 年中国城乡就业人员统计

| 年份 | 就业人员 | | 城镇就业人员 /万人 | 农村就业人员 /万人 |
| | 合计/万人 | 占人口比重/% | | |
| --- | --- | --- | --- | --- |
| 1986 | 51 282 | 47.7 | 13 292 | 37 990 |
| 1987 | 52 783 | 48.3 | 13 783 | 39 000 |
| 1988 | 54 334 | 48.9 | 14 267 | 40 067 |
| 1989 | 55 329 | 49.1 | 14 390 | 40 939 |
| 1990 | 64 749 | 56.6 | 17 041 | 47 708 |
| 1991 | 65 491 | 56.5 | 17 465 | 48 026 |
| 1992 | 66 152 | 56.5 | 17 861 | 48 291 |
| 1993 | 66 808 | 56.4 | 18 262 | 48 546 |
| 1994 | 67 455 | 56.3 | 18 653 | 48 802 |
| 1995 | 68 065 | 56.2 | 19 040 | 49 025 |
| 1996 | 68 950 | 56.3 | 19 922 | 49 028 |
| 1997 | 69 820 | 56.5 | 20 781 | 49 039 |
| 1998 | 70 637 | 56.6 | 21 616 | 49 021 |
| 1999 | 71 394 | 56.8 | 22 412 | 48 982 |
| 2000 | 72 085 | 56.9 | 23 151 | 48 934 |
| 2001 | 72 797 | 57.0 | 24 123 | 48 674 |

表3-1(续)

| 年份 | 就业人员 | | 城镇就业人员 /万人 | 农村就业人员 /万人 |
| --- | --- | --- | --- | --- |
| | 合计/万人 | 占人口比重/% | | |
| 2002 | 73 280 | 57.0 | 25 159 | 48 121 |
| 2003 | 73 736 | 57.1 | 26 230 | 47 506 |
| 2004 | 74 264 | 57.1 | 27 293 | 46 971 |
| 2005 | 74 647 | 57.1 | 28 389 | 46 258 |
| 2006 | 74 978 | 57.0 | 29 630 | 45 348 |
| 2007 | 75 321 | 57.0 | 30 953 | 44 368 |
| 2008 | 75 564 | 56.9 | 32 103 | 43 461 |
| 2009 | 75 828 | 56.8 | 33 322 | 42 506 |
| 2010 | 76 105 | 56.8 | 34 687 | 41 418 |
| 2011 | 76 420 | 56.7 | 35 914 | 40 506 |
| 2012 | 76 704 | 56.6 | 37 102 | 39 602 |
| 2013 | 76 977 | 56.6 | 38 240 | 38 737 |
| 2014 | 77 253 | 56.5 | 39 310 | 37 943 |
| 2015 | 77 451 | 56.3 | 40 410 | 37 041 |
| 2016 | 77 603 | 56.1 | 41 428 | 36 175 |
| 2017 | 77 640 | 55.9 | 42 462 | 35 178 |
| 2018 | 77 586 | 55.6 | 43 419 | 34 167 |

数据来源:《中国社会统计年鉴（2019）》。

### 3.2.2 农民工在较为复杂的劳动力组成结构中的占比较大

20世纪80年代，随着我国改革开放进一步推进，城乡二元经济体制逐渐松动，我国出台了农民"离土不离乡，进厂不进城"的农村工业化政策，大力发展乡镇企业和非农产业，就地转移农村剩余劳动力模式在改革开放初期对以工补农、促进农民增收、增强农村集体经济力量起到了非常重要的作用；20世纪80年代末，我国逐步取消了限制农村剩余劳动力"离乡"的制度，允许农民工进城务工和跨区域流动，这个时候"农民工"

这个概念产生①；进入 21 世纪，我国逐步取消了限制农民工及其家庭成员落户城镇的规定，着力推进农民工市民化制度的实施。从 1998 年开始，农村剩余劳动力转移增长出现"井喷"现象，总量从 9 000 万人逐年上升到 2019 年的 29 077 万人。《中华人民共和国 2018 年国民经济和社会发展主要统计公报》数据显示，2018 年，全国就业人口为 77 586 万人，其中城镇就业人口为 43 419 万人，约占全国就业总量的 56%，比 2017 年增长 2.3%，农民工总量达到 28 836 万人，约占全国就业总量的 37%，比 2017 年增长 0.6%。其中，外出农民工为 17 266 万人，比 2017 年增长 0.5%。由此可见，从就业结构上分析，农民工总量占全国就业总量的比率还是很高的，是我国就业人口的主要组成部分。具体见图 3-1。

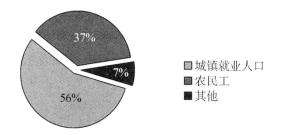

图 3-1　2018 年我国就业人口组成情况

数据来源：根据国家统计局发表的《中华人民共和国 2018 年国民经济和社会发展统计公报》数据整理而成。

### 3.2.3　现阶段农民工总量还呈增加态势，但增速开始趋缓

从图 3-2 可以看出，2010 年我国农民工总量的增速达到最高峰 5.13%，2011 年其增速开始呈下降趋势，但农民工总量仍然超过 2 亿人，虽然总量增长速度放缓，但每年仍然有大量的新增农民工。农民工队伍的不断壮大直接促进了社会管理方式的转变，农民工的城乡流动和辛苦劳作不仅增加了自身收入及家庭收入，也加快了城镇化进程。

---

① 靳雄步. 我国农民工群体特征及社会保障研究 [D]. 长春：吉林大学，2014.

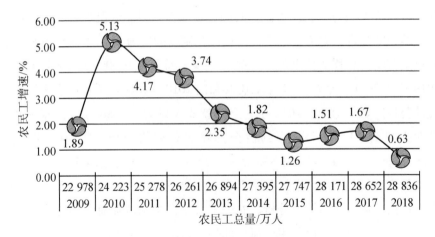

图 3-2　2009—2018 年农民工总量及增速趋势

数据来源：根据《中国住户调查年鉴（2019）》中的数据计算所得。

### 3.2.4　流动性是农民工就业的主要特征，东部地区仍然是其就业的主要流入地

根据 2015—2019 年的《农民工监测调查报告》数据，我国农民工流动情况近五年均是省内流动高于跨省流动。数据显示（见表 3-2），2019 年我国跨省流动就业的农民工占总农民工数量的 43.1%，省内流动就业的农民工数量为 56.9%；从分布地区来看，2015—2019 年，东部地区农民工跨省流动就业的比率非常低，均保持在 17% 左右，省内流动就业比率都很高，均在 82% 左右；中部地区跨省流动就业的比率均在 60% 左右，西部地区跨省流动就业的比率从 2015—2017 年连续三年保持在 50% 以上，2018—2019 年跨省就业的比率下降至 49% 左右。2015—2019 年的农民工流动地区分布情况显示，东部地区仍然是农民工的主要流入地，中西部地区仍然是农民工流动就业的流出地。随着改革开放的深入推进，西部地区经济得到良好发展，对农民工的吸纳能力进一步增强，农民工流出增速趋缓。

表 3-2　2015—2019 年我国农民工外出务工地区分布　　　　单位：%

| 地区 | 2015 年 | | 2016 年 | | 2017 年 | | 2018 年 | | 2019 年 | |
|---|---|---|---|---|---|---|---|---|---|---|
| | 跨省 | 省内 | 跨省 | 省内 | 跨省 | 省内 | 跨省 | 省内 | 跨省 | 省内 |
| 合计 | 45.9 | 54.1 | 45.3 | 54.7 | 44.7 | 55.3 | 44.0 | 56.0 | 43.1 | 56.9 |
| 东部 | 17.3 | 82.7 | 17.8 | 82.2 | 17.5 | 82.5 | 17.2 | 82.8 | 17.1 | 82.9 |
| 中部 | 61.1 | 38.9 | 62.0 | 38.0 | 61.3 | 38.7 | 60.6 | 39.4 | 59.2 | 40.8 |
| 西部 | 53.5 | 46.5 | 52.2 | 47.8 | 51.0 | 49.0 | 49.6 | 50.4 | 48.4 | 51.6 |

数据来源：根据 2015—2019 年的《农民工监测调查报告》数据整理而成。

### 3.2.5　第三产业的农民工就业水平增速逐年提高，且就业行业呈现集中趋势

从表 3-3 可以看出，我国农民工主要集中于第二产业和第三产业，而且第三产业的占比在逐年提高，第二产业就业水平连续两年呈负增长；就业的行业主要集中在第二产业的制造业和建筑业，第三产业主要集中在批发零售、住宿餐饮以及居民修理和其他服务等行业，就业行业比较集中。

表 3-3　2017—2019 年我国农民工从业产业与行业分布情况

| 产业/行业 | 2017年 | 2018年 | 2019年 | 2018年增速 | 2019年增速 |
|---|---|---|---|---|---|
| 第一产业 | 0.5 | 0.4 | 0.4 | −0.1 | 0 |
| 第二产业 | 51.5 | 49.1 | 48.6 | −2.4 | −0.5 |
| 其中：制造业 | 29.9 | 27.9 | 27.4 | −2.0 | −0.5 |
| 　　　建筑业 | 18.9 | 18.6 | 18.7 | −0.3 | 0.1 |
| 第三产业 | 48.0 | 50.5 | 51.0 | 2.5 | 0.5 |
| 其中：批发和零售业 | 12.3 | 12.1 | 12 | −0.2 | −0.1 |
| 　　　住宿餐饮业 | 6.2 | 6.7 | 6.9 | 0.5 | 0.2 |
| 　　　居民服务修理和其他服务业 | 11.3 | 12.2 | 12.3 | 0.9 | 0.1 |
| 　　　其他 | 11.6 | 12.9 | 12.9 | 1.3 | 0 |

数据来源：根据 2017—2019 年的《农民工监测调查报告》数据整理而成。

### 3.2.6　农民工流动就业的特征

我国的农民工城乡流动具有以下三个特征：一是"全职非农就业"式

流动。这部分农民工以就业保障为底线，他们仍然享有农村土地承包经营权，把土地承包经营权进行流转，以自身或家庭为单位，就地或进入城镇寻求非农就业为主要特征。二是"半农半工就业"式流动。这部分农民工没有放弃农村土地承包经营权和土地耕种权，农闲时进入城镇从事非农行业工作，农忙时又返回农村从事农业生产，他们在城乡之间进行双向流动，完全避免了既失业又失地的情况发生。三是"失地农民就地安置就业"式流动。这部分农民工由于城镇化或工业化发展进程的推进，自身所拥有的土地经营权和耕种权都被政府或企业收回，他们被迫从农业部门转移到非农部门就业，但居住地大多由政府或企业就地安置，在完成产业转移的同时没有真正完全进行地域转移。

## 3.3 农民工就业保障的历史演进及现状分析

改革开放后，我国社会经济发展经历了传统的计划经济体制向社会主义市场经济体制转型的两个特殊时期，相应地，农民工就业保障也经历了这两个阶段。本书将农民工就业保障的历史演进分为两个阶段进行剖析。

### 3.3.1 第一阶段：1978—2002 年，初步构建适应社会主义市场经济体制的农民工就业保障机制阶段及现状分析

改革开放初期，我国正处于初步构建中国特色社会主义市场经济体制时期，解决就业机制转换的劳动力市场机制培育是这个时期最重要的任务。该时期存在大量农村剩余劳动力、城镇正规部门大量的冗员、城镇大量下岗失业工人和新增劳动力等就业问题，解决这些问题需要从传统的正规部门就业转向非正规部门就业，从而拓宽就业渠道。自谋职业者可以发展个体经济或私营经济，也可以从事个体商业或服务业。据有关统计数据，1980 年，全国共有 32 万多户个体工商户，部分农村剩余劳动力开始陆续转移就业。这一阶段，由于正逢经济体制转型和国有企业改制，探索初步构建适应社会主义市场经济体制的社会保障机制成为必要，因为也是这一时期对特殊劳动力包括农民工进行就业保障的重要手段和措施。

#### 3.3.1.1 社会保护方面

第一，初步确立以劳动合同制为依据的劳动者身份制度改革。1992

年，我国颁布的《全民所有制工业企业转换经营机制条例》中规定："企业在劳动用工、人力资源管理、报酬制度等方面有自主权，开始实行全员劳动合同制"。自此，国家劳动就业部门不再干涉企业用工，开始把劳动力市场供需机制作为劳动力市场资源配置的基础性手段，大力推行劳动市场政策转型，部分农民工可以享有同国有正规部门员工一样的合同制身份，就业保障在一定程度上得到实施。

第二，初步构建以最低工资标准制度为依据的农民工收入保障机制。最低工资标准制度是指劳动者在各用人单位全日制用工后，各用人单位支付不低于当地最低工资标准，最低工资标准可以根据当地职工平均工资水平、人均生活水平、经济发展水平的影响而加以适当调整。最低工资标准的推行，对于处于相对弱势地位的农民工群体来说，能有效减少和防止各用人单位恶意压低或克扣其劳动报酬的现象发生，对农民工的就业保障发挥了积极作用。

### 3.3.1.2 社会保险方面

第一，初步构建以企业职工为主体的社会养老保险制度体系，逐步向企业中合同制农民工群体延伸。1991 年，我国颁布的《关于企业职工养老保险制度改革的决定》中规定："实行社会基本养老保险、企业补充养老保险和职工个人储蓄性养老保险相结合的养老保险制度，费用由国家、企业和个人共同负担，企业按工资总额的 20%缴纳养老保险费，职工个人按本人工资的 8%缴费，养老保险费实行社会统筹，先由市、县级统筹再逐步过渡到省级统筹"[①]。1995 年，我国颁布的《关于深化企业职工养老保险制度改革的通知》中规定："企业职工基本养老保险实行社会统筹与职工个人账户相结合制度模式，保险费用由企业和个人共同承担"；2000 年，我国颁布的《关于完善城镇社会保障体系试点方案》表明："自由职业人员、城镇个体工商户应参加基本养老保险，具体办法由各省（自治区、直辖市）人民政府规定"；我国颁布的《关于非全日制用工若干问题的意见》中规定："各级社会保险经办机构要为非全日制劳动者参保缴费提供便利条件，开设专门窗口，及时为非全日制劳动者办理社会保险关系及个人账户的接续和转移手续。"由此可见，我国社会养老保险制度经过不断改革和完善，逐步向企业中合同制农民工群体延伸。

---

[①] 汪泽英，何平. 社会保障制度改革 30 年回顾与展望 [J]. 中国人口年鉴，2009 (3)：177–182.

第二，初步构建惠及农民工的灵活就业人员医疗保险体系。2003 年，劳动和社会保障部颁发的《关于城镇灵活就业人员参加基本医疗保险的指导意见》表明："要重视灵活就业人员的医疗保障问题，积极将灵活就业人员纳入基本医疗保险制度范围"。其主要内容包括：一是已经同用人单位建立了明确劳动关系的灵活就业人员，可以单位名义参加基本医疗保险，缴费办法与正规职工一致；未与用人单位建立明确的劳动关系或其他类型的灵活就业人员均以个人身份缴费参加社会医疗保险。二是建立基本医疗保险统筹基金，解决灵活就业人员住院和门诊大额医疗费用的保障问题，对有条件的灵活就业人员建立个人账户和实行大额医疗补助。三是按照当地的缴费率，确定灵活就业人员参加基本医疗保险的缴费率；缴费基数参照当地上一年职工年平均工资核定；根据灵活就业人员的缴费水平、缴费时间和当地基本医疗保险来确定待遇水平。四是为防范道德风险，明确医疗保险待遇与缴费年限和连续缴费相挂钩的办法；但同时考虑到灵活就业人员收入不稳定等特点，明确了中断缴费的认定和处理办法。五是针对灵活就业人员制定相应的个人申报登记办法、个人缴费办法和资格审核办法，开设专门窗口；建立了社会保险经办机构与定点医疗机构和定点药店的直接结算制度，等等。农民工的就业属性基本属于灵活就业，可以按照该规定缴纳并享受医疗保险。

第三，初步建立以城镇职工为主体的失业保险制度，农民合同工被排斥在制度外。由于我国长期受计划经济体制的影响，正规部门劳动者的社会保障主要由用人单位承担。改革开放后，由于社会经济体制转型，大量城镇职工纷纷下岗，20 世纪 90 年代末，我国颁布的《失业保险条例》把企业单位也纳入保险责任单位，覆盖所有城镇职工，规定失业保险费由所有被保障对象按企业工资总额的 2%、个人按工资总额的 1% 进行缴纳，明确了失业保险的资金来源和保障对象。但该条例还明确了城镇单位雇佣的农民合同工不必缴纳失业保险，这表明城镇失业保险把农民合同工排斥在外。

第四，初步建立了包含农民合同工在内的、以企业职工为主体的工伤保险制度。为了保障劳动者在工作过程中因受到伤害而获得的经济补偿和医疗救助，促进劳动者工伤预防和职业康复，分担用人单位的用工风险，1996 年，我国颁发了《企业职工工伤保险试行办法》，明确了工伤保险对象为我国企业及职工，规范了企业及职工工伤保险的认定条件和管理秩序，建立了工伤保险基金。2001 年我国将工伤保险立法列入国家立法计划，2003 年我国通过了《工伤保险条例》，正式把包含农民合同工在内的企业职工纳入保险范围之内，对保护劳动者和维护社会稳定发挥了积极作用。

第五，初步建立了以城镇女职工为主体的生育保险制度，农民工群体被排斥在制度之外。新中国成立以来，我国政府就高度重视城镇女职工的生育保障问题。20 世纪 50 年代，我国专门出台了政策规范城镇女职工生育保险的相关内容，由于受传统的计划经济体制的影响，职工所在的用人单位作为生育保险主体，由用人单位承担职工生育期间的社会保险待遇。改革开放后，随着经济体制改革的深入推进，1994 年，我国颁发了《企业职工生育保险试行办法》，规范了生育保险对象、实施范围、待遇支付和统筹层次等，推动了生育保险制度改革。但对农村居民来说，生育费用都由家庭承担，农民工基本都被排斥在制度之外。

综上所述，在初步构建的适应社会主要市场经济体制的劳动力市场机制培育过程中，对农民工群体的各种制度歧视和限制得到了进一步改善，之前面对城镇职工的社会保障制度逐渐开始向农民工群体延伸。

### 3.3.2 第二阶段：2003 年至今，农民工就业保障机制不断完善阶段及现状分析

2003 年以来，随着国家改革思路的不断成熟，各项政策措施根据不同时期社会经济发展程度得到不断调整和完善。但任何社会管理模式都不可能不存在瑕疵，农民工的就业保障机制在日趋成熟的同时依然还存在一些亟待解决的问题。

#### 3.3.2.1 劳动保护方面

第一，以劳动合同为依据的企业用工制度不断完善，但因企业成本问题导致农民工在劳动契约关系中仍然处于弱势地位。2013 年，新修订的《中华人民共和国劳动合同法》的施行，进一步说明粗放式的社会管理方式已经不适应社会主义市场经济发展的需要。企业劳动用工制度的不健全和不规范，对劳动合同及员工管理没有做到细则化和条理化，只能让企业自身承担更多的责任，从而加重企业的负担。因此，必须要求企业规范用工制度、精细操作流程，健全职工档案、台账制度，建立健全职工入职、离职等相关手续管理制度。但在实际生活中，企业都会以管理成本高，或

建立劳动合同关系后企业所承担的责任风险更大等原因，故意设置较复杂的程序，让农民工自愿或主动放弃签订劳动合同，致使劳动合同签订率非常低；即使签订了劳动合同，也是单方面的权利、责任和义务，使劳动者在劳动契约关系上完全处于弱势地位。根据《2016 年农民工监测调查报告》中的数据，2016 年农民工与用人单位签订劳动合同（无固定期限、一年以上和一年以下）的比率为 35.1%，比 2015 年下降 1.1%，本地农民工的劳动合同签订率为 31.4%，比 2015 年下降 0.3%，外出农民工的劳动合同签订率为 38.2%，比 2015 年下降 1.5%；而且，2015 年农民工没有签订劳动合同的比率达 63.8%，2016 年农民工没有签订劳动合同的比率达64.5%，如表 3-4 所示。如此看来，农民工的劳动合同签订率非常低，直接导致农民工在劳动关系中处于相对弱势的地位。

表 3-4　2015—2016 年农民工的劳动合同签订情况　　　　单位：%

| 类别 | 无固定期限劳动合同 | 一年以下劳动合同 | 一年以上劳动合同 | 没有签订劳动合同 |
|---|---|---|---|---|
| 2015 年农民工的劳动合同签订率总计 | 12.9 | 3.4 | 19.9 | 63.8 |
| 其中：外出农民工的劳动合同签订率 | 13.6 | 4.0 | 22.1 | 60.3 |
| 本地农民工的劳动合同签订率 | 12.0 | 2.5 | 17.1 | 68.4 |
| 2016 年农民工的劳动合同签订率总计 | 12.0 | 3.3 | 19.8 | 64.9 |
| 其中：外出农民工的劳动合同签订率 | 12.4 | 4.2 | 21.6 | 61.8 |
| 本地农民工的劳动合同签订率 | 11.5 | 2.2 | 17.7 | 68.6 |

数据来源：《2016 年农民工监测调查报告》。

第二，最低工资标准增长机制的不断完善，部分农民工直接成为受益者。最低工资制度对部分劳动者的基本生活起到了积极保障作用，但在具体实施过程中也存在一定的问题：一些地区没有根据本地经济发展水平科学设定最低工资标准，少数企业为了减少成本，故意降低计价单位或随意延长劳动时间、增加劳动强度、无故拖欠或克扣工资等。2007 年，我国颁布的《劳动和社会保障部关于进一步健全最低工资制度的通知》（以下简称《最低工资制度》）中规定，各地要依托协调劳动关系三方机制，积极推动用人单位建立和完善工资集体协商制度，通过平等协商确定本单位的工资水平、工资分配制度、工资标准和工资支付办法，确保支付劳动者的工资不低于当地的最低工资标准；实行计件工资形式的用人单位，要通过平等协商合理确定劳动定额和计件单价，保证劳动者在法定工作时间内提供正常劳动的前提下，应得工资不低于当地的最低工资标准；劳动者在完成计件定额任务后，由用人单位安排在法定工作时间以外、休息日和法定休假日工作的，应分别按照不低于其本人法定工作时间计件单价的150%、200%、300%支付工资；对违反《最低工资制度》的用人单位，要依法严肃处理，并记入劳动保障守法诚信档案；对严重违法的，要向社会公布，真正形成社会舆论监督氛围，切实维护劳动者的合法权益。2008年，我国又下发了《关于进一步做好失业保险和最低工资有关工作的通知》。该通知指出，各地区要继续调整并严格执行最低工资标准，在调整最低工资标准时，要综合考虑本地区经济发展水平、职工平均工资、城镇居民消费价格指数和就业状况等相关因素，尤其是要充分考虑物价上涨给低收入职工生活带来的影响，合理确定并适度调整最低工资标准，使最低工资标准的调整幅度不低于当地城镇居民消费价格指数上涨幅度。截至2020年1月底，全国各地区都依法调整了当地最低工资标准，其中，最低工资额度最高的地区是上海，最低工资增长率最高的是江西，具体见表3-5。

表3-5 全国部分省（自治区、直辖市）月平均最低工资标准

| 省(自治区、直辖市) | 2004年最低工资标准/元·月⁻¹ | 2020年最低工资标准/元·月⁻¹ | 最低工资增长数/元·月⁻¹ | 最低工资标准增长率/% |
|---|---|---|---|---|
| 江西 | 250 | 1 470 | 1 220 | 488.00 |
| 陕西 | 320 | 1 600 | 1 280 | 400.00 |
| 吉林 | 310 | 1 480 | 1 170 | 377.42 |
| 青海 | 370 | 1 700 | 1 330 | 359.46 |
| 上海 | 635 | 2 480 | 2 205 | 347.24 |
| 重庆 | 400 | 1 700 | 1 300 | 325.00 |
| 宁夏 | 350 | 1 480 | 1 130 | 322.85 |
| 甘肃 | 340 | 1 470 | 1 130 | 322.35 |
| 北京 | 545 | 2 200 | 1 655 | 303.67 |
| 河南 | 380 | 1 500 | 1 120 | 294.73 |
| 贵州 | 400 | 1 570 | 1 170 | 292.50 |
| 天津 | 530 | 2 050 | 1 520 | 286.79 |
| 湖南 | 320 | 1 220 | 900 | 281.25 |

表3-5(续)

| 省(自治区、直辖市) | 2004年最低工资标准/元·月⁻¹ | 2020年最低工资标准/元·月⁻¹ | 最低工资增长数/元·月⁻¹ | 最低工资标准增长率/% |
|---|---|---|---|---|
| 山东 | 410 | 1 550 | 1 140 | 278.05 |
| 深圳 | 610 | 2 200 | 1 590 | 260.66 |
| 内蒙古 | 420 | 1 460 | 1 040 | 247.61 |
| 四川 | 450 | 1 550 | 1 100 | 244.44 |
| 西藏 | 495 | 1 650 | 1 155 | 233.33 |
| 黑龙江 | 390 | 1 270 | 880 | 225.64 |
| 福建 | 450 | 1 460 | 1 010 | 224.44 |
| 广西 | 460 | 1 430 | 970 | 210.87 |
| 海南 | 500 | 1 520 | 1 020 | 204.00 |
| 河北 | 520 | 1 580 | 1 060 | 203.85 |
| 辽宁 | 450 | 1 300 | 850 | 188.89 |
| 安徽 | 410 | 1 180 | 770 | 187.81 |
| 云南 | 470 | 1 350 | 880 | 187.23 |
| 新疆 | 480 | 1 340 | 860 | 179.17 |
| 湖北 | 460 | 1 250 | 790 | 171.74 |
| 山西 | 520 | 1 400 | 880 | 169.23 |
| 江苏 | 620 | 1 620 | 1 000 | 161.29 |
| 浙江 | 620 | 1 500 | 880 | 141.93 |

数据来源：表中数据主要根据人力资源和社会保障部公布的数据整理而成。

第三，不断发展壮大基层工会组织，已经成为农民工就业保障的重要手段。2001年，我国修正并颁布的《中华人民共和国工会法》规定："在中国境内的企业、事业单位、机关中以工资收入为主要生活来源的体力劳动者和脑力劳动者，不分民族、种族、性别、职业、宗教信仰、教育程度，都有依法参加和组织工会的权利。任何组织和个人不得阻挠和限制。"2008年，我国颁布的《中华人民共和国劳动合同法》中规定："允许在县级以下区域内，建筑业、采矿业、餐饮服务业等行业，可以由工会与企业方面代表订立行业性集体合同，或者订立区域性集体合同。"2009年，我国颁布的《中华全国总工会关于组织劳务派遣工加入工会的规定》中规定，第一，在工会准入条件方面：劳务派遣单位和用工单位都应当依法建立工会组织，吸收劳务派遣工加入工会，任何组织和个人不得阻挠和限制。劳务派遣工应首先选择参加劳务派遣单位工会，劳务派遣单位工会委员会中应有相应比例的劳务派遣工会员作为委员会成员。劳务派遣单位没有建立工会组织的，劳务派遣工直接参加用工单位工会。第二，在工会的管理方式方面：在劳务派遣工会员接受派遣期间，劳务派遣单位工会可以委托用工单位工会代管。劳务派遣单位工会与用工单位工会签订委托管理协议，明确双方对会员组织活动、权益维护等的责任与义务。第三，在缴费方面：劳务派遣工的工会经费应由用工单位按劳务派遣工工资总额的百分之二提取并拨付劳务派遣单位工会，属于应上缴上级工会的经费，由劳务派遣单位工会按规定比例上缴。用工单位工会接受委托管理劳务派遣工会员的，工会经费留用部分由用工单位工会使用或由劳务派遣单位工会和用工单位工会协商确定。第四，在工会统计方面：劳务派遣工会员人数由会籍所在单位统计。加入劳务派遣单位工会的，包括委托用工单位管理的劳务派遣工会员，由劳务派遣单位工会统计，直接加入用工单位工会的由用工单位工会统计。2016 年，全国工会总数呈增长趋势，其中农民工主要就业的非正规就业部门的工会数也呈上升增长趋势，见表 3-6。

表 3-6　2016—2017 年全国及非正规部门工会数　　　　单位：个

| 年份 | 2016 年 | 2017 年 |
|---|---|---|
| 全国总数 | 2 824 772 | 2 808 796 |
| 其中：非正规部门工会数 | 2 012 950 | 1 989 959 |
| 股份合作 | 37 774 | 36 866 |
| 联营企业 | 7 548 | 7 493 |
| 有限责任公司 | 192 585 | 193 058 |
| 股份有限公司 | 68 476 | 67 717 |
| 私营企业 | 1 497 510 | 1 479 381 |
| 其他内资企业 | 11 280 | 10 869 |
| 个体经营户 | 122 995 | 122 068 |
| 港澳台商投资企业 | 30 336 | 29 530 |
| 外商投资企业 | 44 446 | 42 977 |

数据来源：根据 2016—2017 年的《中国劳动统计年鉴》中的数据整理而成。

近年来，各基层工会组织在农民工就业保障方面也做出了不少努力：一是在农民工加入工会组织方面，2016—2019 年《农民工监测调查报告》的统计数据显示，2016 年加入工会组织的农民工占总农民工总数的比率为11.2%，2019 年增长到 13.4%。在已经加入工会组织的农民工中，2019 年参加过工会组织活动的比率从 2016 年的 83.4%增长到 84.2%，见表 3-7。二是在维权方面，通过参与劳动争议调解委员会的方式为劳动者真正维权。《中国劳动统计年鉴（2018）》的数据显示，2017 年劳动争议调解委员会中工会成员达 2 452 749 人，工会参与劳动争议调解委员会调解成功劳动争议件数为 93 228 件，其中集体劳动争议达 20 731 件，见表 3-8。在对农民工进行职业技能培训方面，积极推进农民工的职业能力培训。2016 年培训农民工的人数达 614 754 人，2017 年培训农民工的人数达 455 784 人，见表 3-9。在职业介绍方面，2016 年工会组织职业介绍结构对农民工成功职业介绍达 514 533 人，2017 年达 394 994 人，见表 3-10。

表 3-7 2016—2019 年农民工加入工会的情况 单位：%

| 年份 | 2016 | 2018 | 2019 |
| --- | --- | --- | --- |
| 加入工会组织的比率 | | | |
| 其中：加入工会组织的农民工中 | 11.2 | 9.8 | 13.4 |
| 参加工会活动的比率 | 83.4 | 82.3 | 84.2 |
| 没有参加工会组织的比率 | 16.6 | 17.7 | 15.8 |

数据来源：根据 2016—2019 年的《农民工监测调查报告》中的数据整理而成。

表 3-8 2017 年全国基层工会组织参与劳动争议调解情况

| 建立劳动争议调解委员会的基层工会/个 | 劳动争议调解委员会中工会成员/人 | 本年度劳动争议调解委员会受理劳动争议件数/件 | | 本年度劳动争议调解委员会调解成功劳动争议件数/件 | |
| --- | --- | --- | --- | --- | --- |
| | | | 集体劳动争议 | | 集体劳动争议 |
| 1 045 485 | 2 452 749 | 209 678 | 29 221 | 93 228 | 20 731 |

数据来源：《中国劳动统计年鉴（2018）》。

表 3-9　2016—2017 年全国基层工会组织参与农民工职业培训情况

| 年份 | 工会开办的职业培训机构/个 | 本年度工会职业培训机构培训人次/人次 | | |
| --- | --- | --- | --- | --- |
| | | 总人次 | 农民工人次 | 经培训实现再就业人次数 |
| 2016 年 | 1 560 | 1 246 800 | 614 754 | 185 789 |
| 2017 年 | 1 495 | 893 603 | 455 784 | 126 660 |

数据来源：根据 2017—2018 年的《中国劳动统计年鉴》中的数据整理而成。

表 3-10　2016—2017 年全国基层工会组织参与农民工职业介绍情况

| 年份 | 工会开办职业介绍机构/个 | 本年度工会职业介绍机构成功介绍人次数/人次 | 农民工/人 | 下岗失业人员/人次 |
| --- | --- | --- | --- | --- |
| 2016 年 | 1 634 | 1 201 136 | 514 533 | 340 880 |
| 2017 年 | 1 179 | 947 134 | 394 994 | 254 452 |

数据来源：根据 2017—2018 年的《中国劳动统计年鉴》中的数据整理而成。

### 3.3.2.2　社会保险方面

被誉为"社会稳定器"的社会保险，在现代社会经济发展和社会和谐稳定关系中起到积极作用。对于处于弱势地位的农民工群体来说，社会保险制度的完善和发展更是就业保障的重要基础。为了解决被社会保险制度边缘化的农民工问题，政府相继制定了大量针对农民工群体社会保险的政策法规。按照相关政策法规要求，农民工的社会保险内容应包括养老保险、医疗保险、失业保险、工伤保险和生育保险等。2000 年以来，上海、成都、北京、广州等地采取了专门针对农民工的社会保险制度的地方性实践模式，主要分为四大类型：

第一，"农民工被纳入城镇职工社会保险"模式。这种保险因门槛和缴费水平高，参保率较低。城镇职工社会保险模式是指直接把农民工纳入城镇职工社会保险参保覆盖范围，让农民工与城镇职工一样同等缴纳和享受城镇职工社会保险，逐步提升农民工参加社会保险的比率。该模式的主要运作方式是不对原有城镇职工社会保险进行调整而直接应用于农民工群体，属于城镇职工社会保险的扩面。但是，该模式不是针对所有农民工，而是针对就业和收入较稳定的农民工。其原因如下：一是缴费水平高、收入稳定性差的农民工和其所在的小微企业或个体工商户等都无力承担。二是资金筹集方式不适合农民工群体，城镇职工社会保险主要采用统账结合方式。对于流动性较大的农民工来说,当要流出本地时,只能退还本人缴纳的个人账户积累的资金,社会统筹部分无法实现接转,严重地抑制了劳动力的合理流动,导致其参保率极低。

第二,"低门槛、低享受的双低"地方模式,一定程度上满足了农民工群体的需求。该模式主要考虑了农民工群体劳动报酬低、承受能力差的特点,通过兼顾制度衔接而采取的特殊劳动群体参加社会保险的过渡方式,最终实现逐步扩大社会保险覆盖面。该模式采取"低门槛准入、低标准享受"方式对城镇职工社会保险制度的微调,降低各项保险的缴费比率和缴费基数,其缴费标准主要参照本地最低工资标准进行,从而降低了农民工参保的制度门槛。2004 年,北京市先后颁发了《北京市外地农民工参加基本医疗保险暂行办法》和《北京市外地农民工参加工伤保险暂行办法》。这两个暂行办法明确指出:北京市就业的农民工群体可以参加城镇职工医疗和工伤保险,两种保险均由用人单位承担保险费用,农民工个人不缴费。该模式主要在深圳和北京推行,在一定程度上满足了农民工群体的需求。

第三,"农民工综合保险"的地方模式,一定程度上减轻了用人单位的负担,农民工是直接受益群体。2011 年,上海市颁发的《上海市人民政府贯彻国务院关于开展城镇居民社会养老保险试点指导意见的实施意见》规定,凡与上海市用人单位建立劳动关系的外来从业人员均应参加上海市城镇职工基本养老保险。该模式把农民工的养老保险、工伤和医疗保险等多个基本社会保险进行统一承保,由政府牵头与商业保险公司合作进行相关险种承保,工伤鉴定由政府承担,保险公司负责工伤理赔和相关保险费的发放。该保险模式的特点如下:一是简单易行,将农民工的养老、医疗和工伤"三险合一",进行统一征缴,统一承保,手续简单;二是缴费水平低,容易吸引用人单位参保,减轻用人单位成本。2016 年,国务院颁发的《国务院关于整合城乡居民基本医疗保险制度的意见》规定,城镇居民基本医疗保险和新型农村合作医疗两项制度进行整合,建立统一的城乡居民基本医疗保险制度。表 3-11 中的统计数据显示,上海市城镇基本养老保险从 2011 年调整后参保人数迅速增长到 2017 年的 38.35 万人,失业保险、工伤保险和生育保险也从 2011 年开始参保人数呈逐年上升趋势;城乡居民基本医疗保险从 2016 年调整后参保人数也呈逐年上升趋势。由此可见，上海市实行的综合保险模式收到了良好的参保效果。

表 3-11　上海市主要年份社会保险参保人数统计（2000—2017 年）

单位：万人

| 指标 | 2000 年 | 2010 年 | 2016 年 | 2017 年 |
|---|---|---|---|---|
| 城镇职工基本养老保险 | | | | |
| 城镇职工 | 431.27 | 522.44 | 983.90 | 1 020.68 |
| 个体工商户和自由职业人员 | 9.82 | 20.43 | 36.72 | 38.35 |
| 城镇职工基本医疗保险 | | | | |
| 城镇职工 | 364.59 | 608.41 | 991.60 | 1 005.4 |
| 城乡居民基本医疗保险 | — | 259.17 | 338.03 | 344.63 |
| 城镇职工失业保险 | 434.86 | 556.20 | 947.32 | 961.84 |
| 城镇职工生育保险 | — | 657.30 | 956.09 | 972.04 |
| 城镇职工工伤保险 | — | 555.36 | 943.55 | 958.06 |

数据来源：《2018 上海统计年鉴》。

第四，"城乡居民社会保障"模式，一定程度上解决了农民工社会保险接续问题，但制度供给与农民工真实需求存在偏差。由于农民工报酬水平低、流动性大，参与前三种保险模式还是存在社会保险接续性差的特点。该模式将农民工纳入户籍所在地的农村社会保险体系；该模式缴费水平低和覆盖范围广，在一定程度上满足了农民工社会保险的需求。近几年来，我国农村社会养老保险（新农保）、新型农村合作医疗（新农合）发展快速，我国一些劳务输出大省将农民工及家庭纳入农村社会保障体系，形成了"农村社会保障"模式。

2009 年，我国颁发的《国务院关于开展新型农村社会养老保险试点的指导意见》中规定，根据保基本、广覆盖、有弹性、可持续的基本原则做好农村社会养老保险试点工作，一是从农村实际出发，低水平起步，筹资标准和待遇标准要与经济发展及各方面承受能力相适应；二是个人（家庭）、集体、政府合理分担责任，权利与义务相对应；三是政府主导和农民自愿相结合，引导农村居民普遍参保；四是中央确定基本原则和主要政策，地方制订具体办法，对参保居民实行属地管理。其缴费规定为："个人缴费、集体补助和政府补贴相结合，社会统筹与个人账户相结合，与其他社会保障政策措施相配套，规定了 100 元、200 元、300 元、400 元和 500 元 5 个档次的年缴费标准，并允许地方政府根据实际情况增设缴费档次。参保实行自愿原则，参保人自主选择缴费档次，多缴多得""2009 年试点覆盖面为全国 10% 的县（市、区、旗），以后逐步扩大试点，在全国普遍实施，2020 年之前基本实现对农村适龄居民的全覆盖"。2014 年，国务院颁发的《国务院关于建立统一的城乡居民基本养老保险制度的意见》规定："新农保和城居保两项制度合并实施，在全国范围内建立统一的城乡居民基本养老保险（城乡居民养老保险）制度"。如表 3-12 所示，近几年来，农民工参与的城镇职工养老保险或城镇居民基本养老保险参保人数及增长比率均呈上升增长趋势。

表 3-12　2010—2017 年我国城乡居民基本养老保险参保人数及增长比率

| 年份 | 合计 | 比上一年增长/% | 城镇职工基本养老保险参保人数 | 比上一年增长/% | 城乡居民基本养老保险参保人数 | 比上一年增长/% |
|------|------|------|------|------|------|------|
| 2010 | 35 984.10 | | 25 707.30 | | 10 276.80 | |
| 2011 | 61 573.31 | 71.11 | 28 391.27 | 10.44 | 33 182.04 | 222.88 |
| 2012 | 78 796.33 | 27.97 | 30 426.80 | 7.17 | 48 369.54 | 45.77 |
| 2013 | 81 968.44 | 4.03 | 32 218.38 | 5.89 | 49 750.07 | 2.85 |
| 2014 | 84 231.86 | 2.76 | 34 124.38 | 5.92 | 50 107.48 | 0.72 |
| 2015 | 85 833.36 | 1.90 | 35 361.17 | 3.62 | 50 472.19 | 0.73 |
| 2016 | 88 776.81 | 3.43 | 37 929.71 | 7.26 | 50 847.10 | 0.74 |
| 2017 | 91 548.27 | 3.12 | 40 293.30 | 6.23 | 51 254.98 | 0.80 |

数据来源：《中国劳动统计年鉴（2018）》。

2003 年，我国颁发的《关于建立新型农村合作医疗制度的意见》表明，新型农村合作医疗制度是为农民提供基本医疗保障，缓解农民"因病致贫"的问题，减轻农民工因病带来的经济压力。新农合按照政府统筹与个人缴费相结合，个人缴费为每人 10 元/年，各级财政缴费为每人 40 元/年，财政拨款占新农合筹集资金总额的 80% 以上；2008 年，我国颁发的《关于做好 2008 年新型农村合作医疗工作的通知》表明，新农合的缴费标准调整为：农民个人缴费为每人 20 元/年，各级财政缴费为每人 80 元/年。新农合主要是以"保大病"为主，帮助农民分担因病带来的致贫风险。2016 年，我国颁发的《国务院关于整合城乡居民基本医疗保险制度的意见》规定："城乡居民基本医疗保险制度是整合城镇居民基本医疗保险（简称城镇居民医保）和新型农村合作医疗（简称新农合）两项制度，建立统一的城乡居民基本医疗保险（简称城乡居民医保）制度。"如表 3-13所示，近几年来，农民工参与的城镇职工基本医疗保险和城镇居民基本医疗保险参保人数及增长比率均呈上升增长趋势。

表 3-13　2007—2017 年我国城乡居民基本医疗保险参保人数及增长比率

| 年份 | 合计 | 比上年增长/% | 职工基本医疗保险参保人数 | 比上年增长/% | 城乡居民基本医疗保险参保人数 | 比上年增长/% |
|---|---|---|---|---|---|---|
| 2007 | 22 311.40 | | 18 020.30 | | 4 291.10 | |
| 2008 | 31 821.63 | 42.62 | 19 995.63 | 10.96 | 11 826.00 | 175.60 |
| 2009 | 40 146.99 | 26.16 | 21 937.40 | 9.71 | 18 209.57 | 53.98 |
| 2010 | 43 262.94 | 7.76 | 23 734.67 | 8.19 | 19 528.27 | 7.24 |
| 2011 | 47 343.23 | 9.43 | 25 227.10 | 6.29 | 22 116.13 | 13.25 |
| 2012 | 53 641.27 | 13.30 | 26 485.56 | 4.99 | 27 155.70 | 22.79 |
| 2013 | 57 072.57 | 6.40 | 27 443.14 | 3.62 | 29 629.43 | 9.11 |
| 2014 | 59 746.92 | 4.69 | 28 296.03 | 3.11 | 31 450.90 | 6.15 |
| 2015 | 66 581.65 | 11.44 | 28 893.12 | 2.11 | 37 688.53 | 19.83 |
| 2016 | 74 391.55 | 11.73 | 29 531.54 | 2.21 | 44 860.02 | 19.03 |
| 2017 | 117 681.36 | 58.19 | 30 322.71 | 2.68 | 87 358.65 | 94.74 |

数据来源：《中国劳动统计年鉴（2018）》。

"城乡居民社会保障"模式一定程度上解决了农民工社会保险接续问题，但工伤保险、失业保险及生育保险制度缺失，农民工的社会保险供给与农民工的需求存在偏差。

3.3.2.3　社会救助方面

第一，分别建立以城市居民和农村居民两大主体的社会救助体制。社会救助主要是指依据国家政策与法规向因受到社会、自然以及个人的原因导致自身无法维持基本物质生活，由社会或政府提供各种救助形式的社会保障制度。社会救助既是社会保障的基本内容，也是政府的一种责任与义务，还是每个公民都应享受的基本权利，在调整资源配置、校正市场失灵，维护社会稳定，实现社会公平，构建和谐社会劳动关系等方面起到非常重要的作用。2007 年，国务院印发了《关于在全国建立农村最低生活保障制度的通知》，决定在农村建立最低生活保障制度。随着城乡低保制度的不断发展，社会救助体系还增加了专项救助及临时救助等制度。为构建完善的社会救助制度，2014 年 2 月，国务院发布了《社会救助暂行办法》。这是我国第一部统各项社会救助制度的行政法规，将"碎片化"的社会救助制度构建为完整的社会救助网络，明确了我国社会救助制度体系基本框架。2020 年，国务院印发 了《关于改革完善社会救助制度的意见》，提出到 2035 年社会救助事业高质量发展的中长期目标。《社会救助暂行办法》规定：社会救助工作的基本原则为"托底线、救急难、可持续"，全面确立了以最低生活保障与特困人员供养制度、受灾人员救助以及医疗救助、教育救助、住房救助、就业救助和临时救助为主体，以社会力量参与为补充的社会救助制度体系框架，随着最低生活保障制度作为我国社会救助的主体制度不断完善与发展，一些专项救助与临时救助制度逐渐建立。

第二，农民工处于两种体制的夹缝中——专属农民工的社会救助制度缺失。农民工群体由于特殊的双重身份——户籍在农村的城市职工，社会救助主要实行户籍属地管理，外出农民工与之无缘，既得不到农村社会救助体制的保障，又被城市社会救助体制排斥。只有《城市流浪乞讨人员收容遣送办法》是与农民工有关联的社会救助政策。2003 年，国务院重新调整并颁布了《城市生活无着的流浪乞讨人员救助管理办法》，将原有的强制性救助转变为"自愿受助，无偿救助"。因此，农民工在正常就业的状态下，根本就不属于该办法的社会管理范围。

事实上，农民工在现实生活中真正遇到亟须解决的问题是工资水平偏低和无故拖欠、失业、工伤、疾病和子女教育等方面的问题，对于社会资源禀赋缺乏的农民工遇到这些问题时，社会救助体制就能充分发挥其积极的作用。然而，目前国家根本还没有建立适合农民工群体的社会救助体制。

3.3.2.4　社会福利方面

第一，建立了以农民工群体为主体的住房保障制度，但因房源稀缺和申请程序复杂导致大部分农民工被排斥在制度之外。我国 2007 年 12 月开始施行的《廉租住房保障办法》中明确规定："廉租房政策是一种针对既无力购买商品房又无力购买经济适用房的城镇最低收入家庭而设计的一种社会保障性的住房政策。其申请条件是申请人必须具有 5 年以上当地城市常住户口"。从申请条件看，外来务工的农民工群体直接被排斥在廉租房制度之外；2012年，国务院颁发的《公共租赁住房管理办法》规定："公共租赁住房是指由国家提供政策支持、限定建设标准和租金水平，面向符合规定条件的城镇中等偏下收入住房困难家庭、新进就业无房职工和在城镇稳定就业的外来务工人员出租的保障性住房"。2013年，国务院根据《国务院批转国家发展改革委关于2013年深化经济体制改革重点工作意见的通知》和《国务院办公厅关于保障性安居工程建设和管理的指导意见》等文件精神，会同财政部和国家发展改革委起草了《关于公共租赁住房和廉租住房并轨运行的通知》规定："从2014年起，廉租住房将并入公共租赁住房，合并后统称公共租赁住房"。明确规定公租房对象为："公共租赁住房不是归个人所有，而是由政府或公共机构所有，用低于市场价或者承租者承受得起的价格，向新就业职工出租，包括一些新的大学毕业生，包括一些退休老人及残疾人。还有一些从外地迁移到城市工作的群体。"公共租赁住房政策第一次把农民工群体纳入政策性住房保障之内，但由于房源稀缺和申请程序复杂导致大部分农民工被排斥在制度保障范围之外。

第二，建立了以农民工群体为主体的职业技能培训教育制度，但因缺乏项目统筹规划和监管约束机制不力，农民工参培率不高。2006年国务院颁发的《国务院关于解决农民工问题的若干意见》和2010年国务院办公厅颁发的《国务院办公厅关于进一步做好农民工培训工作的指导意见》表明："国务院农民工工作联席会议要组织协调有关部门建立培训项目管理制度，完善政府购买培训成果的机制，保证承担培训任务的院校、具备条件的企业培训机构及其他各类培训机构平等参与招投标，提高培训质量。鼓励有条件的地区探索推行培训券（卡）等有利于农民工灵活选择培训项目、培训方式和培训地点的办法。充分发挥社会各方面参与培训的积极性，建立促进农民工培训的多元投入机制。落实好中等职业教育国家助学金和免学费政策，力争使符合条件的农村劳动力尤其是未能继续升学的初、高中毕业生都能接受中等职业教育。逐步实施农村新成长劳动力免费劳动预备制培训。"2019年，人力资源和社会保障部颁发的《新生代农民工职业技能提升计划》规定：要对新生代农民工大规模开展职业技能培训，对在公共就业服务平台登记有培训愿望的农民工，在1个月内提供相应的培训信息或统筹组织参加培训，实现转移就业前掌握就业基本常识并至少掌握一项职业技能，到2022年年末，努力实现新生代农民工职业技能培训"普遍、普及、普惠"。该计划还提出，对初次到城镇就业的新生代农民工开展必要的引导性培训；对失业和转岗人员，引导并组织参加新技能培训，帮助其尽快返岗转岗。重点根据企业岗位实际需求开展订单定岗培训，结合产业发展需求开展定向培训，同时，大力推进岗位技能提升培训，支持岗位成才；精准开展技能扶贫培训，助力脱贫攻坚；积极开展创业创新培训，培养创业带头人，重点对新生代农民工积极开展电子商务培训。由此可见，政府在农民工培训教育制度方面做了很大的努力。但在实际操作过程中，由于项目缺乏科学的规定和监管力度不够，导致农民工的参培率不高。

## 3.4 小结

本章的研究主要分为三个部分：第一部分主要研究了农民工就业保障的内涵，包括劳动就业保护、社会保险、社会救助和社会福利四个部分。第二部分主要研究了农民工产生的背景和流动特征。第三部分主要研究了农民工就业保障的历史演进。该部分主要把历史演进分为两个阶段：第一阶段，1978—2003 年。这个阶段初步构建了适应社会主义市场经济体制的农民工就业保障机制阶段，分析了该阶段几个方面的就业保障历史。一是在社会保护方面，初步确立以劳动合同制为依据的劳动者身份制度改革，初步构建以最低工资标准制度为依据的农民工收入保障机制。二是在社会保险方面，初步构建了以企业职工为主体的社会养老保险体系，逐步向企业中的合同制农民工群体延伸；初步构建了惠及农民工的灵活就业人员医疗保险体系；初步建立起了以城镇职工为主体的失业保险制度，但农民合同工被排斥在制度边缘；初步建立起了包含农民合同工在内的以企业职工为主体的工伤保险制度；初步建立起了以城镇女职工为主体的生育保险制度，但农民工群体被排斥在制度之外。第二阶段，2003 年至今，农民工就业保障机制不断完善阶段。一是在劳动保护方面，以劳动合同为依据的企业用工制度不断完善，但因企业成本问题导致农民工劳动劳动契约关系仍然处于弱势地位；最低工资标准增长机制的不断完善，部分农民工直接成为受益者；不断发展壮大基层工会组织，已经成为农民工就业保障的重要手段。二是在社会保险方面，共分为四个模式："农民工被纳入城镇职工社会保险"模式,但因门槛和缴费水平高导致其参保率低;"低门槛、低享受的双低"模式,一定程度上满足了农民工群体的需求;"农民工综合保险"模式,一定程度上减轻了用人单位的负担,农民工是直接受益群体;"城乡居民社会保障"模式,一定程度上解决了农民工社会保险接续问题,但制度供给与农民工真实需求存在偏差。三是在社会救助方面,分别构建了以城市居民和农村居民为主体的社会救助体制。四是在社会福利方面,建立起了以农民工群体为主体的住房保障制度,但因房源稀缺和申请程序复杂导致大部分农民工被排斥在制度之外;建立起了以农民工群体为主体的职业技能培训教育制度,但因缺乏项目统筹规划和监管约束机制不力,农民工参培率不高。

# 4 农民工实现体面就业的影响因素、研究假设、后效变量研究及理论模型的构建

农民工能否实现体面就业，受到很多因素的影响。本章将进一步探讨农民工体面就业的不同影响因素和体面就业实现后的后效变量之间的耦合关系，在此基础上提出研究假设和理论模型构建。

## 4.1 农民工体面就业的影响因素及研究假设

农民工体面就业的影响因素主要分为三类：农民工的个体特征、企业组织因素和社会因素。一是从农民工的个体特征分析，农民工自身的年龄、性别、文化程度、打工经历、劳动技能等个体特征因素直接决定着农民工所从事的职业、行业、劳动报酬、工作环境和工作条件等，从而影响其体面就业的实现程度。从企业组织因素分析，组织体制直接表现为企业对生产资料和社会资源的占有与运用，以及不同的利益分配形式和组织对农民工体面就业的支持力度；企业组织是否成立工会，可以表明组织内部劳动关系的和谐、劳动报酬的公平和劳动争议等问题能否得到很好解决，农民工体面就业能否得到实现。

### 4.1.1 农民工的个体特征因素对实现体面就业的影响

个体特征主要分为人口特征和就业特征。其中，人口特征是指年龄、性别，就业特征是指知识、经验、学历、劳动技能、健康等人力资本。

美国社会学家彼得·布劳把人的个体特征分为先天具有和后天习得两个部分。先天具有包括性别、年龄的禀赋，后天习得包括打工经历、文化程度和劳动技能等人力资本。他认为，社会的不平等和异质性主要是人们在社会地位和角色方面的分化，社会角色就是社会位置，社会位置的不同分布构成社会结构，人们的个体特征直接影响其角色关系，进而会影响其社会位置的分化。

人力资本之父舒尔茨在《人力资本投资》一书中提出，人力资本主要是指通过投资体现在劳动者身上的知识、健康、技能、经验、智力等，他认为人力资本分为初级人力资本和高级人力资本两种。其中，初级人力资本是指劳动者的健康、体力、经验、基本生产技能和知识，高级人力资本是指劳动者的才能、天赋和资源被发掘出来的潜能。教育、培训、健康、干中学、劳动力迁移等投资方式，可以让劳动者个体提高劳动技能、学习劳动知识、积累劳动经验，让其在劳动力市场中提高劳动生产效率。

教育信号功能理论表明，教育的经济功能主要不再是教育对人的能力的提高，而是体现为教育能够有效地反映人的内在能力，从而区分高劳动生产率和低劳动生产率的人。

曹兆文（2019）在其《农民工的工作稳定性及其影响因素分析》一文中指出："农民工个人特征因素中的年龄、性别、受教育程度、农活时长和就业特征因素中的外出务工、工作培训等均是影响农民工工作稳定性的重要因素""农民工的工作稳定性在一定程度上决定着他们的生存状态和职业发展。另外，若农民工的工作不稳定，还会影响到用工单位和社会的健康稳定发展，如会降低用工单位的生产效率、增加用工单位的用工成本等"。

社会资本是学者布迪厄和科尔曼最早提出的，他们认为社会资本是个体或组织为了达成一定的社会目标，能充分利用和调动的嵌入社会关系网络中的社会资源部分。学者格兰诺维特研究社会资源时提出强关系社会资源和弱关系社会资源。其中，强关系社会资源是维系群体和组织内部关系的社会资源，这部分资源是由血缘、地缘、朋友、亲戚、同学、同事等熟人关系构成的；弱关系社会资源是联系群体与组织之间关系的社会资源，这部分资源通常是由正式组织或非正式组织的惯例、制度、规章、习俗等外部资源构成的。学者林南的调查研究则表明，大多数人是通过社会资本中的强关系社会资源的帮助来获得工作的，而不是通过弱关系社会资源。

综上所述，农民工的人力资本和社会资本对其工作稳定性与劳动生产率的提高起着非常重要的作用。只有稳定的就业和高效的劳动生产率，才能获取较好的劳动报酬、劳动就业保护、社会福利和社会保障和职业发展，进而影响其体面就业的实现。

基于此，本书提出研究假设1。

假设1：农民工个体特征因素对其体面就业实现程度有影响，即具有不同的人力资本和社会资本因素的农民工在体面就业实现程度上存在显著差别。

为了研究的进一步论证，在假设1下还可以形成两个内含假设，即假设1a和假设1b。

假设1a：人力资本因素对其体面就业实现程度有影响。

假设1b：社会资本因素对其体面就业实现程度有影响。

### 4.1.2 企业组织因素对农民工实现体面就业的影响

我国转型时期的企业所有制形式主要有国有企业（国家控股）、民营企业（民营控股）、外资企业（外资控股）和私营企业、个体工商户等形式。

社会交换理论表明，交换关系是指人们在社会交往中形成的社会关系，是人与人之间的力量平衡关系。社会交换理论用来解释企业组织的雇佣关系时，这种雇佣关系实质上就是一种交换关系，员工在组织内所付出的各种努力可以获得组织给予相应的回报。如果员工感觉回报不及时或不公平，以及劳资关系力量不对等，员工的积极性就会受挫或选择终止这种交换关系。

组织支持理论表明，员工对组织的忠诚将会换取组织提供相应的组织支持，这种组织支持包括薪酬、劳动保护、劳动条件、社会保障、社会福利和社会救助等，否则员工就会据此改变工作决策。该理论对于指导企业管理实践发挥了重要作用，改善了组织与员工之间的劳动关系。强调组织只有重视和关注组织支持，加大组织支持力度，才能获取员工对组织的满意度和归属感；同时，组织绩效提高和目标达成都依赖组织对员工的支持力度。

由此可见，社会交换理论强调组织与员工之间的劳动关系构建是基于双方力量均衡、关系对等和公平交换，体现了劳资双方的平等地位；组织支持理论强调员工的努力与忠诚主要基于组织提供的支持，组织提供的支持力度越大，员工则会越积极努力地帮助组织提高绩效水平，达成组织目标，从而构建和谐稳定的劳动关系。以上两种理论均要求企业组织要高度重视员工的就业保障，努力实现员工体面就业，员工则会给予组织相应的回报。

劳动者体面就业的实现程度主要取决于生产资料所有制和社会经济体制，所有制对体面就业的影响是通过经济体制来实现的。社会经济结构与运行方式直接关系到企业组织的整个生产过程、企业经营管理过程、生产资料归谁所有和利益分配方式，影响到劳资双方和生产资料所有者之间的关系。

目前，我国不同所有制企业组织对员工提供的组织支持力度还是存在很大的差异的，具体表现在以下两个方面：

第一，国有企业凭借对国有资产的所有，自身有着比其他企业更为规范的人力资源管理政策和措施，有能力为劳动者提供更好的组织支持，即能为劳动者提供较高的劳动报酬、合理的劳动强度、更好的劳动保护、完善的社会保障体系等。国有企业均有条件成立工会组织，能较好地代表员工的利益，劳资双方的劳动关系较为和谐稳定。

第二，中小民营企业、私营企业、个体工商户等企业组织容易受各种政治、经济制度的影响和约束，劳资双方形成了一种具有约束力的劳动关系，劳资双方力量不对等，雇主占主导地位。大部分企业组织尤其是农民工主要就业的小微企业和个体工商户等，根本没有条件成立代表员工利益的工会组织。这些企业组织为员工提供的支持力度较小，即较低的劳动报酬、较少的社会保障、劳动强度较大、劳动争议频发等现象，劳动者在组织内部的地位较低，与体面就业要求相差甚远。

综上所述，不同企业组织提供的支持力度存在偏差，进而影响农民工体面就业的实现。基于此，本书提出研究假设2。

假设2：组织因素对农民工体面就业实现程度有影响，即不同所有制企业组织实现农民工体面就业程度有差异。

### 4.1.3 地域经济因素对农民工实现体面就业的影响

受改革开放政策的影响，我国最初实行经济政策最先向东部沿海城市开放，设立的 5 个经济特区和 14 个沿海城市均在东部地区，国家财政支持也优先向东部地区倾斜，当地经济在改革开放初期得到了迅猛发展，外资企业也纷纷进入，1983—1996 年，88.3%的外资企业主要分布在东部沿海地区，11.7%的外资企业分布在中西部地区[①]。改革开放政策和外资的投入直接拉大了中国地区经济发展水平的差距，在劳动力市场上直接表现出来的是各地区的劳动报酬水平、社会保障水平等差距进一步扩大。

在劳动力迁移方面，如表 4-1 所示，2015—2019 年我国农民工流动情况均是省内流动高于跨省流动，2019 年我国跨省流动就业的农民工占总农民工数量的 43.1%，省内流动就业的农民工占总农民工数量的 56.9%。从分布地区来看，2015—2019 年，东部地区农民工跨省流动就业的比率非常低，均保持在 17%左右，省内流动就业比率都很高，均在 82%左右；中部地区跨省流动就业的比率均在 60%左右，西部地区跨省流动就业的比率从 2015 年至 2017 年连续三年保持在 50%以上，近两年跨省就业的比率逐渐下降至 49%。从这五年的农民工流动区域分布来看，农民工就业主要流入地仍然是东部地区，中西部地区仍然是农民工流动就业的流出地。随着改革开放的深入推进，西部地区经济获得了较大发展，对农民工的吸纳能力进一步增强，农民工流出增速趋缓。

表 4-1　2015—2019 年我国农民工地区迁移比率　　　　单位:%

| 地区 | 2015 年 | | 2016 年 | | 2017 年 | | 2018 年 | | 2019 年 | |
|---|---|---|---|---|---|---|---|---|---|---|
| | 跨省 | 省内 | 跨省 | 省内 | 跨省 | 省内 | 跨省 | 省内 | 跨省 | 省内 |
| 合计 | 45.9 | 54.1 | 45.3 | 54.7 | 44.7 | 55.3 | 44.0 | 56.0 | 43.1 | 56.9 |
| 东部 | 17.3 | 82.7 | 17.8 | 82.2 | 17.5 | 82.5 | 17.2 | 82.8 | 17.1 | 82.9 |
| 中部 | 61.1 | 38.9 | 62.0 | 38.0 | 61.3 | 38.7 | 60.6 | 39.4 | 59.2 | 40.8 |
| 西部 | 53.5 | 46.5 | 52.2 | 47.8 | 51.0 | 49.0 | 49.6 | 50.4 | 48.4 | 51.6 |

数据来源：根据 2015—2019 年的《农民工监测调查报告》中的数据整理而成。

---

① 国家统计局. 中国统计年鉴 [M]. 北京：中国统计出版社，2001.

综上所述,受各地域经济发展水平和劳动力迁移的影响,劳动者在各地域的劳动报酬水平的差距拉大,劳动保护、劳动条件、社会保障和就业机会情况都存在明显差异。基于此,本书提出假设3。

假设3:地域经济发展水平对农民工体面就业有影响,即东部、中部和西部地区农民工体面就业实现程度有差异。

### 4.1.4 工会会员身份对农民工实现体面就业的影响

农民工群体是推动中国社会经济发展和城镇化进程的主力军,但由于其文化程度和劳动技能水平偏低,始终处于劳资双方对立关系中的弱势地位,其劳动权益在市场经济条件下容易遭受侵害。工会组织是在工业化过程中产生的一种代表和维护工人利益的劳动组织。在西方国家,工会组织的运行机制主要是通过控制劳动力供给来影响劳动力需求的,进而影响到劳动力市场的均衡工资变化,迫使资方提高工资水平,加大劳动保护力度,进而维护工人的合法劳动权益。与西方工会组织自下而上的组建方式不同,我国工会组织由于经费上依赖政府行政补贴和企业组织按职工年工资总额的2%征缴,经济上完全依赖政府和企业。一些学者的实证研究表明,工会组织在提高员工工资溢价、减少员工离职、改善员工福利待遇等方面均有积极效应[1]。

组建基层工会组织的初衷是保护劳动力市场中的弱势群体的合法劳动权益。由于农民工群体的就业存在临时性和流动性,使得这一群体存在天然的集体行动困难,加入工会组织的可能性较小。同时,工会组织在不同所有制企业中所起到的作用也不尽相同。国有正规就业部门因凭借对国有资产的所有和沿袭了计划经济的某些特征,有能力组建工会和为员工提供较大的组织支持;民营企业和私营企业等非正规就业部门即便在企业内部组建了工会,但在实际运行过程中也只是象征性地对员工开展一些慰问活动。

综上所述,工会组织对农民工体面就业实现程度起着积极的影响作用。基于此,本书提出研究假设4。

假设4:工会会员身份对农民工体面就业实现程度有影响。

---

① 魏下海,董志强,黄玖立. 工会是否改善劳动收入份额?:理论分析与来自中国民营企业的经验证据 [J]. 经济研究, 2013 (8): 16-28.

### 4.1.5 政府职能及运行效率对农民工实现体面就业的影响

政府在劳动力市场方面的职能和运行效能主要表现在对劳动力市场的立法与监督职能、对劳动力市场的保障职能和为农民工职业发展提供必要的社会支持。其具体表现在以下三个方面：

第一，对劳动力市场的立法与监督职能。农民工体面就业引入三方机制旨在通过政府组织来平衡劳资力量，以第三方的身份对农民工提供社会支持和对企业组织提供劳动立法监督，从而让企业组织真正对农民工提供组织支持，使其能够拥有真正的对话权，进而表达自身的利益诉求；在三方机制下，劳资纠纷的解决通过政府的劳动立法规范和提供法律援助，以平等协商的沟通方式化解，从而构建和谐的劳动关系。

第二，对劳动力市场的保障职能。在薪酬福利方面，政府组织应该建立农民工工资的集体协商制度，保障农民工的收入，实现同工同酬，完善农民工的带薪休假制度，监督企业落实最低工资制度和工资增长、支付和共同决策机制，努力实现农民工城乡统筹的城乡居民社会保障；在工作条件方面，农民工本身从事的脏、累、重体力、较危险的职业，工作时间与工作安全对农民工体面就业实现有着非常重要的影响，规范企业劳动用工制度、完善安全工作条例，加大对企业的安全事故排查与预防投入，从法律视角为农民工提供保障。

第三，为农民工职业发展提供必要的社会支持。我国《劳动力市场管理规定》中对公共就业服务做了界定："本规定所称公共就业服务，是指由各级劳动保障部门提供的公益性就业服务，包括职业介绍、职业指导、就业训练、社区就业岗位开发服务和其他服务内容。"一是建立农村剩余劳动力培训机制，为城市社会经济发展提供优质人才。二是打破以前各职能部门各自为政的局面，整合多个分散的有关劳动就业的部门资源，为农民工就业提供多元化服务。但政府的公共就业服务职能体系还是存在一定的不足，首先是没有建立专门的农村剩余劳动力就业服务机构，目前的公共就业服务机构主要服务于城镇职工；其次是职业技能培训内容缺乏有效性，不利于制度的有效实施；最后是在就业服务信息方面，由于农民工文化素质较低，他们中很少有人会通过互联网寻求就业信息，基本上依靠亲朋好友和老乡等强社会资本获取就业信息，农村公共就业服务体系较为滞后。

基于此，本书提出假设 5。

假设 5：政府职能及运行效率对农民工体面就业实现程度有影响。

## 4.2 农民工体面就业的后效变量研究

后效变量研究旨在体现农民工体面就业的实现可以提高农民工工作生活质量和企业组织绩效，从而构建和谐的劳动关系，充分表达农民工体面就业实现的必要性。

### 4.2.1 农民工体面就业对其工作与生活质量提升的影响

最早起源于 20 世纪霍桑实验的工作生活质量，其理论基础源于英国学者塔维斯特克的社会技术系统概念。社会技术系统的基本思想主要表达组织工作效率提高不仅涉及技术因素，还涉及人的因素，人与技术要达到协调一致才能有效提高组织效率。工作生活质量要求政府组织、企业组织与工会等多方共同合作来改善员工工作条件、工作环境、福利待遇，加强企业员工参与组织民主决策，达到提高员工工作生活满意度和企业劳动生产率的目的。

不同的劳动者追求不同的工作生活质量，不同的企业由于目标不同，对员工工作生活质量的理解也有所偏差。美国职业培训与开发委员会对其内涵做了以下界定：工作生活质量对于工作组织来讲是一个过程，它使该组织中各个级别的成员积极地参与营造组织环境，塑造组织模式，产生组织成果。这个基本过程基于两个孪生的目标：提高组织效率和员工工作生活质量。该内涵界定包含了两层意思：一是认为员工工作生活质量是一个过程，是随着组织的持续发展而进行的长期活动，适用于世界上不同的企业组织；二是强调企业提高员工工作生活质量要实现两个基本目标，即组织效率和员工工作生活满意度，并强调两者之间的孪生性，将个人目标和组织目标有效结合，既能提高员工工作生活质量又能提高组织效率。

根据学者们的研究，企业员工工作生活质量主要包括如下七项内容：

第一，福利报酬的公平性和充分性。企业组织内员工最关注的是福利报酬的公平性和充分性。其中，公平性主要是指内部要实现同工同酬，使劳动者的福利报酬与组织贡献相匹配；充分性是指企业员工所获得的劳动福利报酬能充分保障其基本生活水平的需要。

第二，有利于健康和安全的劳动保护。企业组织应该为员工提供有利于健康的工作物理环境，适宜的劳动时长、较好的工作条件，从而减少劳动伤害，提高劳动者的工作意愿。

第三，良好的人际关系。企业组织应该营造良好的组织氛围，使员工在组织中能通过人际相互交往、互动，满足其社会归属。

第四，对工作的满意度。一是工作制度的满意度，包括工作内容、性质和劳动时间等的满意度；二是工作自主性的满意度，包括工作执行程序、方式，能让员工独立地决策，权责分明；三是员工自我成长的满意度，包括工作职务，能让自己不断学习新事物，有成就感、挑战性等。

第五，员工职业发展。这是很多员工普遍关注的内容，一是企业组织要在员工的教育培训与升迁、职业生涯规划等方面做出系统规划，让员工能感受到未来有发展的希望；二是企业组织要重视员工培训、开发员工潜能，使员工不会因现有的技能、学历和知识经验影响未来发展。

第六，充分的对话参与机制。企业要建立职工民主参与制度，实行民主管理，让员工对涉及自身劳动权益的事情充分发表意见；同时，还要注重信息分享，业务公开，让员工感受到来自组织的信任。

第七，备受尊重感。这种尊重感主要源于自身工作对社会进步的贡献，包括荣誉感、被社会肯定和尊重的价值。

1999 年，国际劳工组织提出"体面就业"的概念时表明，所谓体面就业，意味着生产性的劳动，包括劳动者的权利得到保护、有足够的收入、充分的社会保护和足够的工作岗位。为了保证体面劳动这一战略目标的实现，必须从整体上平衡而统一地推进工作中的权利、充分的就业机会、社会保护、社会对话四个目标的达成，目的是想通过促进就业、加强社会保障、维护劳动者基本权益，以及开展政府、企业组织和工会三方的协商对话，来保证广大劳动者在自由、公正、安全和有尊严的条件下工作。

基于此，本书提出研究假设 6。

假设 6：农民工的体面就业对其生活工作质量有正向影响。

### 4.2.2　农民工体面就业对组织绩效提升的影响

组织绩效的内涵比较宽泛，涵盖组织在一定经营时期内的资产运营水平、偿债能力、营利能力和后续发展能力等方面的内容。企业组织要想保持良好的组织绩效，必须要通过改善劳动条件、劳动环境、劳动报酬、劳动保护、公平对待和尊重员工，全面保障员工的劳动权益，提高员工的工作积极性，从而提高员工工作生活质量。美国学者卡茨（Katz，1983）通过对美国18家企业长达10年时间的研究后认为，组织内员工的工作自主性、舒适的工作环境、较高的福利报酬、合理的工作条件、完善的社会保障体系、劳动监察与劳动争议处理机制、较高的民主参与制度等都会减少员工抱怨。因为员工抱怨情绪积累到一定程度会影响员工的工作积极性，从而降低组织绩效水平。美国学者哥申菲尔德（Gershenfeld，1991）通过对美国大型制造业的劳动关系进行研究后认为，劳资双方是相互依存的关系，既拥有各自利益，也拥有共同利益，既非完全一致也非完全对立的关系。劳资关系主要通过两个途径来提升组织绩效：一是劳资冲突的处理方式。当劳资双方发生冲突时，只有及时、主动、高效地进行协调处理，促进对立的利益主体进行合作，才会不打击员工的工作积极性，从而提升组织绩效。二是实现对双方共同利益的追求。只有实现双方的共同利益，组织内部才能形成责权清晰、目标明确、员工积极和良好的人际关系等组织氛围，为组织绩效提升提供条件。

在体面就业的理念指导下，企业组织必须通过规范自身的劳动用工制度，利用《劳动法》和《劳动合同法》等劳动法律法规规范自身行为，为员工提供合理的工作时长、舒适的工作环境、安全且对劳动者健康有益的劳动保护、较好的福利报酬、完善的社会保障、鼓励员工参与企业管理等手段提升员工工作积极性，为企业组织绩效提升奠定基础。

基于此，本书提出研究假设7。

假设7：农民工体面就业对企业组织绩效提升有显著正向影响。

### 4.2.3　农民工体面就业对社会和谐劳动关系构建的影响

劳动关系的内涵是指劳资双方在劳动力使用过程中形成的一种劳动法律关系和社会经济利益关系。和谐劳动关系是指劳资双方在劳动力使用过程中构建并形成的公正合理、互利互赢、规范有序及和谐稳定的劳动关系，也是劳资双方在劳动过程中达成效益共创、协商共谋、利益共享、机制共建的关系。效益共创是指企业组织与员工之间是利益共存的，企业为员工利益着想，员工回馈企业更高组织绩效；协商共谋是指企业组织要充分关注与员工切身利益相关的问题，尊重员工的工作自主性和参与性权利，与员工积极主动协商，在确保企业自身发展的同时，充分保障员工劳动权益；利益共享是指企业与员工之间互利互赢，在保证企业发展的前提下，充分保障员工的合法劳动权益；机制共建是指企业与员工之间要通过协商和有效沟通，建立健全平等协商制度、劳动合同制度、劳动争议调解制度和职工民主参与制度等，通过这些制度规范企业和劳动者双方的行为与职责，最终实现该群体的体面就业。体面就业的内涵和战略目标都要求企业构建和谐劳动关系，体面就业与和谐劳动关系本质上是一致的。体面就业的内涵包含了全面而又广泛的社会内容，体现了以人为本和劳动者合法劳动权益的价值理念，为劳动者合法劳动权益保障提供了理论基础。体面就业反映了劳动者的就业质量水平，体面就业的实现程度即为就业质量水平，较高的体面就业实现程度意味着较高的就业质量水平，劳动者的劳动权益得到了充分保障，和谐劳动关系也得到了实现。实际上，体面就业的实现与和谐劳动关系的构建具有较强的关联性。

基于此，本书提出研究假设 8。

假设 8：农民工体面就业的实现对和谐劳动关系构建有影响。

## 4.3 农民工实现体面就业的理论模型构建

处于弱势地位的生存型农民工群体，由于自身资源禀赋缺乏和各种社会制度的约束，他们主要从事劳动技能较低的体力劳动，如传统的制造业、建筑业和低端服务业，所在的企业组织一般是民营小微企业或个体工商户，企业规模小、福利报酬水平低、劳动关系不稳定、企业劳动用工不规范和劳动权益严重受损等。他们的就业与体面就业要求相差较远。作为城镇化建设推进的主力军，他们应该是体面就业共享主体。只有充分保障该群体的劳动就业权益，才能真正实现该群体的体面就业。

上述研究表明，农民工的个体、地域经济、企业组织、工会会员身份及政府职能与运行效率等因素对农民工体面就业呈正相关关系；农民工体面就业的实现程度会相应地影响农民工生活工作质量、所在企业组织绩效及和谐劳动关系的构建。基于上述研究，本书提出了八个研究假设。这八个研究假设之间相互依存和相互影响，从而构建出本书的理论研究模型，见图 4-1。

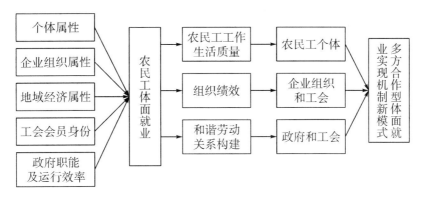

**图 4-1 农民工体面就业的理论研究模型**

## 4.4 小结

本章通过上述研究，探讨了农民工体面就业实现的影响因素，即农民工个体属性因素、企业组织因素、地域经济属性因素、工会会员身份和政府职能与运行效能因素。同时，本书还探讨了农民工体面就业实现的后效变量：如果农民工实现了体面就业，将会提高农民工工作生活质量、组织绩效和有利于社会和谐劳动关系的构建。最后，本书提出了八个理论研究假设，构建了农民工体面就业实现的理论研究模型，为后续研究打下基础。

# 5 农民工体面就业评价体系的构建

为了印证前一章提出的八个研究假设，本章将进行农民工体面就业状态下各种评价指标体系的构建——农民工体面就业评价指标体系、农民工工作生活质量评价指标体系、组织绩效评价指标体系与和谐劳动关系评价指标体系的构建，从而为后续研究打下基础。

## 5.1 农民工体面就业评价指标体系的构建

构建科学的农民工体面就业评价指标体系，是研究农民工群体社会就业水平提高路径的前提和基础。

自 1999 年国际劳工组织提出体面就业以来，学者们纷纷开始从宏观和中观层面对体面就业的内涵、指标体系构建、实证进行区域间体面就业对比等方面开展研究，研究成果丰硕。为了更透彻地了解国内外研究现状，本课题组在国外数据库，如 Wiley 和 Spischolor 中，输入关键词"decent work"；在国内期刊数据库，如中国知网（CNKI）中，输入关键词"体面劳动""体面就业"进行相关文献检索，截至 2020 年 6 月，共检索到发表在 CSSCI 期刊上的中英文文献有 142 篇，其中关于农民工的有 11 篇，发表在 SCI 和 SSCI 上的英文文献有 66 篇，这些文献主要涵盖了管理学、经济学、社会学、哲学、法学等学科领域。

从检索到的文献分析，体面就业的评价指标体系构建主要分为三个层面，即国家制度层面，宏观、中观、微观层面，个体多维度层面。

### 5.1.1 国家制度层面的体面就业评价指标体系构建的相关文献综述

国际劳工组织（2003）根据自身提出的体面就业内涵和四大战略目标

构建了 11 类体面就业评价指标体系，其内容包括就业机会、劳动时间、工作与生活的平衡、不可接受的工作、工作条件、就业待遇、工作收入、生产性工作、工作环境、社会保障、社会对话和宏观的社会经济环境；安克尔（Anker，2003）等学者依据国际劳工组织提出的体面就业内涵和四大战略目标首次构建了包括就业机会、足够的收入、生产性的工作、公平待遇、劳动安全、社会保障、不可接受的工作、工作与家庭生活、工作时间、劳动关系、社会对话等 11 类体系。基于此评价指标体系，国内外学者分别就不同国家的体面就业水平进行了测量，国内学者宋国学（2010）根据体面就业的相关理论和中国国情构建了 4 个维度、8 个基本指标的社会体面就业的评价指标体系。"4 个维度为：基本权利、社会保障、就业机会和社会对话；8 个基本指标为：就业机会、劳动报酬、职业稳定、劳动条件、社会保障、工作权利、集体谈判和结社自由等"①；曹兆文（2011）为了操作方便，把这 11 类指标归为 6 个大类，分别是生产性工作、就业机会、自由、平等、安全和有尊严的工作②；吕红等（2014）通过分析 2000—2011 年中国相关统计年鉴的数据得知，中国的体面就业水平呈逐年上升趋势③；孟浩等（2015）通过对相关统计数据分析后发现，中国大陆体面就业水平出现地区性差异，即东部和东北部地区体面就业水平较高，中部地区体面就业水平居中，西部地区体面就业水平最低，原因可能是地区经济发展水平不均衡④。Bescond、Chataignier 和 Mehran（2003）针对安克尔构建的指标体系太复杂的程序进行改进，构建了七个适用于劳动力市场调查的指标体系，即足够的报酬、超时工作、失学儿童数量、失业率、性别差异、年轻人失业率、老年人缺乏社会保障数量等，该指标体系的构建更具可操作性，方便进行不同国别的横向比较。但是，由于不同国家的国情不同，体面就业的评价在不同国家的可比性低，国家制度层面的体面就业评价指标体系构建依然存在很大的局限性。

---

① 宋国学.中国社会体面工作的衡量指标体系研究［J］.生产力研究，2010（1）：150-151.
② 曹兆文.国际劳工组织体面劳动衡量指标探要［J］.人口与经济，2011（6）：57-61.
③ 吕红，李盛基，金喜在.中国体面劳动：水平测量、评价及影响因素分析［M］.北京：科学出版社，2014.
④ 孟浩，王仲智，杨晶晶，等.中国大陆体面劳动水平测度与空间分异探讨［J］.地域研究与开发，2015（3）：1-6.

### 5.1.2 宏观、中观、微观多层级体面就业评价指标体系构建的相关文献综述

近年来，随着研究的进一步深入，研究者们发现对体面就业只看宏观经济统计指标并无实际意义，应该从政府层面、企业层面和劳动者个体层面等多层级进行评价指标体系构建。邦尼特（Bonnet，2003）等从宏观、中观和微观层面进行体面就业评价指标体系构建，主要包括劳动力市场安全指数、就业安全指数、工作安全指数、劳动安全指数、再生产技能安全指数、收入安全指数、话语权安全指数 7 个层级的指标体系。阿迪卡里（Adhikari，2012）等从宏观层面的经济数据库、中观层面企业的劳动力弹性和劳动力安全调查、微观层面的公民安全调查 3 个层级对尼泊尔的体面劳动水平和工作生活质量的评价指标体系进行构建；申晓梅等（2010）把体面就业战略目标作为理论基础，从政府、企业和劳动者个体三个层面构建包含核心指标、基本指标和具体指标的多层级体面就业评价指标体系[①]；丁越兰等（2013）把体面就业四大战略目标作为结构维度，构建了政府、企业和个人三个层级的体面就业评价指标体系[②]。

多层级体面就业评价指标体系构建的优点是：从宏观、中观和微观层面进行多层面的评价指标体系构建，弥补了只从国家制度层面进行指标体系构建的不足，更有利于不同国度或地区间的体面就业水平比较。其不足之处是：一是不同层级之间的权重无法确定，其各层级的重要性也无法比较；二是这些指标体系的构建都只是指标，没有形成量表，实用性不强。

### 5.1.3 个体多维度层面体面就业评价指标体系构建的相关文献综述

随着研究的进一步深入，学者们逐渐认识到过去的体面就业评价指标体系构建主要关注的是国家制度层面方面的指标，进而忽略了个体层面指标体系构建（Deranty & MacMillan，2012）。实际上，体面劳动是否实现，应该是属于劳动者个体心理感知的心理学范畴（卿涛等，2015）。因此，近年来，学者们纷纷关注个体感知层面的体面就业多维度评价指标体系构建。

---

[①] 申晓梅，凌玲.体面劳动的多层面测评指标体系建设探析 [J].中国劳动，2010（11）：23-25.

[②] 丁越兰，周莉.中国情境下多层面体面劳动测量指标体系研究 [J].经济与管理，2013（10）：18-22.

韦伯斯特（Webster，2015）等首次构建了个体层面的体面就业评价指标体系问卷，主要有 9 个方面的内容：就业机会、工作环境、工作时长、工作稳定性、机会公平性、收入水平、社会安全性、工作家庭和生活的平衡、社会对话。该问卷主要采用非连续性问答方式，被调查者只需回答是或否。但该指标体系在进行结构性构建时缺乏相应的理论基础，显得结构维度缺乏合理性和科学性。

目前，学者们根据管理学和心理学等理论基础进行多维度评价指标体系的构建，主要从三个方面的理论基础构建个体层面的体面就业评价指标体系。一是陈静（2014）以马斯洛需求层次理论为理论基础构建了基于体面劳动视角城镇非正规就业群体劳动权益保障的评价指标体系，主要包括生存权保障、安全权保障、社会认同权保障、尊重权保障和自我实现权保障 5 个维度；丛胜美和张正河（2016）以马斯洛需求层次理论为理论基础构建了粮农的体面劳动评价指标体系，包含生存、劳动条件、社会属性、被尊重和个人价值 5 个维度。二是卿涛等（2016）以扎根理论为理论基础开发了企业一线员工的体面劳动感知量表，主要包括饱满自信、共存包容、尊重认可 3 个维度；徐岩等（2017）以扎根理论为理论基础构建了企业一线员工和管理者的体面就业评价指标体系，主要包括工资收入体面感、就业保障体面感、工作氛围体面感、劳动强度体面感、民主参与体面感、职业发展体面感和社会地位体面感 7 个维度。三是费拉罗（Ferraro，2018）等以国际劳工组织对体面就业内涵界定为理论基础构建了知识型员工的体面就业评价指标体系。该指标体系由 7 个维度、31 个题项构成，主要包括基本原则和价值观、适当的工作时长、生产性工作、公民权的履行、社会保护、机会、健康和安全。

上述研究发现，个体多维度层面体面就业评价指标体系构建的理论基础主要是心理学和管理学，主要采用问卷调查方式进行衡量。其优点是：由于宏观、中观指标体系存在标准化问题，个体层面的指标体系构建在不同的国家或地区可以形成统一，完全可以标准化度量。因此，目前个体层面多维度体面就业评价指标体系的构建已经成为学者们研究的热点。

### 5.1.4 国内外学者评价指标体系构建的综合述评

一是国家制度层面的体面就业评价指标体系的构建主要依据经济统计数据，由于国情不同，指标体系难以标准化，普适性不强；宏观、中观、微观多层级评价指标体系的构建解决了国家制度层面指标体系构建难以标准化的问题，但各层级之间的权重无法衡量，同时还没有形成量表，实用性不强；目前个体多维度层面评价指标体系是学者们研究的热点，学者们根据不同的理论基础和研究目的构建了不同的评价指标体系，能在不同地区和国家进行统一标准化度量。二是目前针对某个特殊群体尤其是农民工的体面就业评价指标体系较少，现有指标体系无法用于该群体的体面就业评价。国内外主要学者对体面就业评价指标体系的构建见表5-1。

表5-1 国内外主要学者对体面就业评价指标体系的构建

| 构建层面 | 代表学者 | 指标维度 |
|---|---|---|
| 国家制度层面体现就业评价指标体系的构建 | 国际劳工组织（2003） | 充足的就业机会、足够的工作收入和生产性工作、合理的劳动时间、工作与生活的平衡、不可接受的工作、安全的工作条件、公平的就业待遇、安全的工作环境、社会保障、社会对话 |
| | 安克尔（2003） | 就业机会、不可接受的工作、足够的收入和生产性的工作、合理的工作时间、工作的稳定性、社会公平待遇、劳动安全、社会保障、工作与家庭生活、社会对话与劳动关系、生活与社会因素 |
| | 宋国学（2010） | 就业机会、就业条件、就业报酬、社会保障充足度、职业稳定、工作权利、结社自由和集体谈判 |
| | 曹兆文（2011） | 生产性工作、就业机会、自由、平等、安全和有尊严的工作 |
| | 贝斯孔（2003） | 足够的报酬、超时工作、失学儿童数量、失业率、性别差异、年轻人的失业率、老年人缺乏社会保障的数量 |
| 宏观、中观、微观多层级体面就业评价指标体系的构建 | 邦尼特（2003） | 分别从宏观、中观、微观三个层级构建了体面就业评价指标体系，包括劳动力市场安全指数、就业安全指数、劳动安全指数、再生产技能安全指数、收入安全指数、话语权安全指数 |
| | 申晓梅等（2010） | 分别从政府、企业、员工三个层级构建了核心指标、基本指标和具体指标 |
| | 阿迪卡里（2012） | 分别构建了宏观层面的经济数据库、中观层面的企业劳动力弹性和劳动力安全调查、微观层面的公民安全调查三个层面的评价指标体系 |
| | 丁越兰等（2013） | 分别从政府、企业、个人三个层级上构建了就业、权利、社会保护和社会对话四个维度的指标体系 |

表5-1(续)

| 构建层面 | 代表学者 | 指标维度 |
|---|---|---|
| 个体多维度层面体面就业评价指标体系的构建 | 韦伯斯特<br>（2015） | 就业机会、工作稳定性和安全性、收入水平、工作时长、工作家庭和生活的平衡、机会公平性、工作环境、社会安全性、社会对话 |
| | 陈静<br>（2014） | 生存权保障、安全权保障、社会认同权保障、尊重权保障、自我实现权保障 |
| | 丛胜美等<br>（2016） | 生存、劳动条件、社会属性、被尊重和个人价值 |
| | 卿涛等<br>（2016） | 体面劳动感知量表：饱满自信、共存包容、尊重认可 |
| | 徐岩等<br>（2017） | 工资收入体面感、就业保障体面感、工作氛围体面感、劳动强度体面感、民主参与体面感、职业发展体面感和社会地位体面感 |
| | 费拉罗<br>（2018） | 基本原则和价值观、适当的工作时长、生产性工作、公民权的履行、社会保护、机会、健康和安全 |

## 5.1.5 农民工指标体系构建原则

### 5.1.5.1 反映农民工体面就业特征的原则

新常态下，我国农民工尤其是生存型农民工的就业存在以下七个特征：一是收入水平低。大部分农民工从事着脏、累、差、重、苦的体力劳动，劳动收入完全不能反映其工作价值。二是社会保障水平低。大部分农民工主要集中在民营和私有企业，这些企业在经济转型时期自身困难重重，加之政府监管缺位，"五险一金"的社会保障水平无法与城镇职工相提并论。三是就业稳定性低。农民工所在企业不愿承担更多的就业责任，大部分企业不愿与农民工签订劳动合同，导致生存型农民工工作稳定性极差。四是就业条件差。农民工的劳动时间长、加班工资低、存在强迫劳动现象等。五是就业环境差。农民工主要从事制造业、建筑业、服务业、环卫、保洁等工种，这些工种的就业环境本身就存在问题。六是培训机会少。农民工自身忙于生计，既没有精力也没有能力参加就业培训，自身培训愿望缺乏；同时，企业也不愿意进行培训投资。六是缺乏晋升机制。农民工由于缺乏培训机会，自身劳动技能无法提高，相应的晋升机制就不会产生。因此，对于农民工体面就业评价指标选择及权重赋值与一般就业应该有所区别。

### 5.1.5.2 多元化原则

农民工体面就业评价指标体系多元化主要是指评价指标体系涉及的内容多元，主要包括农民工生存就业、安全就业、平等就业、有尊严就业和自我实现就业等指标。

### 5.1.5.3 易操作原则

在构建农民工体面就业评价指标体系时所设计的因素层指标必须直接可测，否则还需进行下一步的目标分解；同时，农民工普遍文化程度低，理解能力较差，在进行问卷调查期间，容易耽误农民工工作时间。因此，问卷中的指标体系设计必须简单易懂。

### 5.1.5.4 科学性原则

在构建农民工体面就业评价指标体系时，必须要有一定的理论基础和实证分析，所筛选出来的每个评价指标因素之间既要相互关系、相互依存地形成一个评价有机整体，又要相互独立；要有一个客观、科学的评价标准，既能反映农民工体面就业现状，又要有一定的前瞻性。

## 5.1.6 农民工体面就业评价指标体系理论遴选

体面就业的内涵及四大战略目标、马斯洛需求层次理论将为本书评价指标体系遴选奠定理论基础。

体面就业是指男性和女性劳动者在安全、自由、平等和人格尊严条件下，获得生产性和体面的可持续性的工作机会，旨在促进工作中的基本原则和权利、创造充足的生产性工作岗位、加强社会对话和社会保护。其核心是，加强促进实现工作中的权利、就业平等、社会保护和社会对话。体面就业的内涵包含以下五个基本理念：一是体面就业是以人为本的就业，即劳动者自由加入工会、自由结社、享受同工同酬、公平就业待遇和集体谈判的权利等；二是充足的就业机会，包括劳动者就业方式的自由选择、就业机会、公平就业、公平就业待遇等内容；三是促进社会保护，包括社会保障和职业安全等；四是促进社会对话，包括实施集体谈判和职工的民主参与管理；五是促进劳动者发展，包括劳动技能培训和工作提升方面。国际劳工组织最早从安全的视角界定体面就业，希望各个国家出台相关的法律法规对劳动者进行劳动安全保障。随着研究深入与社会不断发展变化，2015 年国际劳工组织又对体面就业的内涵进行了重新界定，强调在公平的视角下企业组织应该保障劳动者在工作中的平等权利和尊严。

需求层次理论是著名的心理学家马斯洛提出来的。他的研究论述表明：人的需要是有层次的，按照它们的重要程度和发生的先后顺序排列成五个层次，分别为生理需要、安全需要、归属和爱的需要、尊重需要以及自我实现的需要。马斯洛把这五种需要比作金字塔，认为人们的需要都是从底层的生理需要到高层的自我实现的需要，是一个逐级上升的过程，其中生理需要和安全需要是人的低层次需要，相当于体面就业的生存需要，尊重需要和自我实现的需要是高层次需要，归属和爱的需要作为过渡。低层次需要是指人们从外部获取需要，且容易得到满足和有限的；高层次需要是人们从自身内部得到的满足，且是无限的①。马斯洛认为这五个需要层次之间有着密切的联系，主要表现为：一是人们最迫切的需要是激励其行为的原因和动力，这五种需要的次序是由低到高逐级上升的。二是一种动态，它处于连续发展的变化中，行为是受不断变化的最迫切的需要支配的，低层次需要得到满足后，就会上升到较高层次的需要，这五种需要不可能完全满足，越是较高层次的需要，其满足的概率越小。三是同一时期内往往存在几种需要，每个时期总有一种需要占主导地位。但任何一种需要并不会因为下一个高层次需要的发展而消失，各层次的需要相互依赖与重叠，高层次的需要发展后，低层次的需要仍然存在，只是对行为影响的比重减轻而已。四是低层次需要满足后，就不再是一种激励力量，而是追求更高一层次需要的满足，就成为激励其行为的驱动力。这五种基本需要既不一定是有意识的，也不一定是无意识的，但总的说来，在一般人身上往往是无意识的。对于个体来说，无意识的动机比有意识的动机更重要②。

体面就业的内涵所蕴含的"生产性工作和充足的就业机会"与马斯洛需求层次理论的"生存需要"进行契合，表明劳动者必须要有工作机会来获得工作稳定性、足够的报酬收入等才能满足生存需要；体面就业的内涵所蕴含的"安全的工作"与马斯洛的"安全需要"契合，两者都表明要给劳动者充分的社会劳动保护；体面就业的内涵所蕴含的"平等的工作"与马斯洛的"归属和爱的需要"契合，这里的归属和爱的需要表明劳动者对

① 马存根. 医学心理学［M］. 北京：人民卫生出版社，2000.
② 钱怡，周增桓. 马斯洛需要层次理论对高素质医学人才的激励和指导作用［J］. 西北医学教育，2006（3）：231-232.

组织的归属感需要，这些都是在平等不受歧视的条件下获取的；体面就业的内涵所蕴含的"受尊重的工作"和马斯洛的"尊重需要"契合，两者都表明劳动者在劳动过程中都应该受到尊重；体面就业的内涵所蕴含的"自由的工作"和马斯洛需求层次理论的"自我实现的需要"契合，表明劳动者在工作过程有自由择业、参与社会对话等权利，这些权利的实现会不断提升劳动者的自我实现感。具体见图5-1。

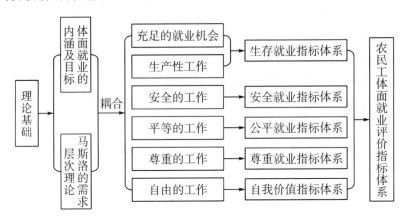

**图5-1 农民工体面就业评价指标体系构建的理论框架**

综合上述研究，农民工体面就业评价指标体系分为五个维度，即生存就业、安全就业、平等就业、有尊严就业和自我实现就业。

### 5.1.6.1 农民工生存就业评价指标体系理论遴选

马斯洛需求层次理论的"生存需要"理论契合体面就业所蕴含的基本理念"生产性工作和充足的就业机会"为农民工生存就业评价指标体系遴选奠定了理论基础。

马斯洛需求层次理论中的生理需求是指维持生存及延续种族的需求。其具体内涵包括：在一定社会关系中，劳动者应当享有维持衣食住行及健康的正常生活所需。《世界人权宣言》规定："人人有权享有为维持他本人和家属的健康和福利所需要的生活水准，包括食物、衣着、住房、医疗和必要的社会服务。"《经济、社会及文化权利国际公约》规定："本公约缔约各国承认人人有权为他自己和家庭获得相当的生活水准，包括足够的食物、衣着和住房，并能不断改善生活条件。"

生存问题是劳动者首要关注的问题。我国的《宪法词典》对与生存权密切相关的工作权进行了界定：工作权，人民在社会上有选择适当工作之权利。此工作权系由生存权引申而来，目的在借工作机会以保障其生存。其作用为：一是国家不得剥夺或侵犯人民的工作权。工作之选择应基于个人之自由。二是人民有向国家要求给予工作以谋生活之权利。人民若不能获得工作时，国家应救助之，如失业保险。三是人民有权要求国家保护其工作能力，如8小时工作制，夜工禁止制及工厂卫生制等。四是工作之结果，须足以维持其生存，故国家应规定最低工资基准。该概念的内涵表达了每个劳动者都有工作的权利，通过工作创造维持自我生存所需的物质和精神财富。

体面就业所蕴含的基本理念"充足的就业机会和生产性工作"包含如下两层意思：一是充足的就业机会是指任何达到劳动法定年龄且愿意从事劳动的劳动者都有充足地获取工作的机会。主要从两个视角进行理解：首先是政府层面。力求政府通过推动社会经济发展，为劳动者创造更多的就业岗位，提供良好的就业服务，从而促进就业。其次从企业组织视角分析，企业组织有责任依法为社会劳动力创造合适的就业岗位，提供必要的生产资料等。没有充足的就业机会，劳动者就不可能获取工作，相应的生存权就会受到危害。二是生产性工作是指劳动者通过工作可以获取满足自身和家庭成员生存与发展的劳动报酬，体面就业所提及的"生产性"是指劳动者按照自身提供的劳动数量与质量获取劳动报酬的权利。其劳动报酬权包含三个方面的内容：首先是合同约定报酬权。农民工基本上都是与企业组织以合同方式约定劳动报酬，在为其提供合同约定劳动后按等量劳动获取等量报酬。其次是法定报酬权。劳动者通过提供等量劳动后，其劳动报酬不能低于国家规定的最低工资标准。生存型农民工群体大部分文化水平低、劳动技能差，基本上都只能从事简单、低端的社会劳动，且由于他们所从事的企业大多集中在民营和私有企业，加之政府监管不力，很多农民工所得工资基本上徘徊在最低工资标准线，严重地危害了农民工群体的生存权。最后是劳动报酬自由支配权。劳动者通过提供等量劳动获取等量报酬，且对该报酬拥有自由支配的权利。然而，由于该群体自身维权意识淡薄，很多企业组织拖欠或无故克扣其劳动报酬，导致应得报酬只是客观存在，根本不是能被农民工自由支配的实得报酬，严重地影响了生存权。

本书通过耦合马斯洛需求层次理论中的生理需要理论以及体面就业内涵所蕴含的"生产性工作和充足的就业机会"，提出了农民工体面就业的第一维度，即生存就业，其中包含了工作机会、劳动报酬、住所条件、交通条件、子女教育、就医条件六个评价因素指标体系。

### 5.1.6.2 农民工安全就业评价指标体系理论遴选

马斯洛需求层次理论中的"安全需要"耦合体面就业所蕴含的基本理念"安全的工作"为农民工安全就业评价指标体系遴选奠定了理论基础。

马斯洛需求层次理论中的安全需要主要包括生命财产得到保护、社会环境安全、职业稳定、不受失业威胁、老有所养、病有所医、生活有保障等。马斯洛认为，当人们的生理需要得到满足后，人们就开始渴求安定的生活工作环境，需要社会环境不再影响其生存因素，生活环境具有一定稳定性，所有安全因素都应该受到法律法规的约束，所处环境不再有恐吓、凌乱和焦躁等不安全因素存在。

国际劳工组织最早从安全的视角界定体面就业，认为国家和企业应该给予劳动者最基本的收入安全和劳动安全，即劳动者在劳动过程中能够避免受到伤害而丧失劳动能力，应该得到充分的劳动安全和健康保护（Benach et al.，2007）。安全就业是指劳动条件和劳动环境必须符合保护劳动者身体健康和生命安全的就业。安全就业是关系劳动者生命健康安全的一项重要就业权利。体面就业内涵所蕴含的"安全的工作"理念是指保障劳动者在劳动过程中避免劳动风险和保护身心健康的权利。国际劳工组织颁发的《职业安全和卫生及工作环境公约》规定："将劳动安全卫生权的权利内容由过去的预防和救济伤害事故，导入劳动的安全、体面及健康，从而使得劳动安全卫生保护的目的更富于人道性。"[①] 体面就业对劳动者安全就业赋予了新的内涵：一是工作稳定。工作是否稳定主要通过劳动合同来体现。劳动合同以法律的形式确立劳动者与用人单位之间的劳动关系，明确用人单位和劳动者的权利与义务，依法享有劳动权益保障。无论是以劳动合同法为依据的就业保护体系，还是以社会保险为主体的社会保障体系，保障对象都是有明确雇佣关系的就业人员，这种明确的雇佣关系通常是以劳动合同签订为依据的。《2018 年度人力资源和社会保障事业发展统计公报》数据显示，2018 年全国就业人员 7.758 6 亿人，其中城镇就业人员 4.341 9 亿人，农民工总量 2.883 6 亿人，全国企业劳动合同签订率达到 90%以上。而全国流动人口追踪数据（CDMS）显示，2017 年，全国外出农民工的劳动合同签订率为 64%，固定期限劳动合同签订率为 48%，无固

---

① 吴丽萍. 国外经验背景下我国劳动者职业安全的法律保护 [J]. 江南社会学院学报，2010（2）：27.

定期限长期劳动合同签订率为 12%。由此可见，农民工劳动合同签订情况仍然不容乐观。二是劳动安全。劳动安全主要体现在工伤事故与职业病预防方面。工伤事故预防是指通过采取一切劳动保护措施，使劳动者在劳动过程中免受工伤事故伤害，减轻工伤事故影响。1991 年，国际劳工组织颁发了《预防重大工伤事故工作守则》，以此来预防工伤事故发生；职业病危害是指在工业生产活动中物质因素（劳动工具、劳动对象、劳动环境）等固有的化学、物理或生物性能所含有的危害性和危险性对劳动者造成的身体危害①。我国也相应地出台了有关劳动保护方面的法律法规，《中华人民共和国职业病防治法》《中华人民共和国安全生产法》等专门性劳动法律法规对劳动安全有原则性的规定，但对于数量庞大的民营和私有企业来说，政府监管不到位，劳动者自身安全意识淡薄，工伤事故与职业病安全预防根本不到位。三是劳动保障。劳动保障是指劳动者在生病、年老、生育与工伤等情形下终身或暂时丧失劳动能力时，社会或政府给予的经济或物质方面帮助的就业保障。其具体包括养老保险、医疗保险、工伤保险、失业保险和生育保险等。但社会保障不仅仅只包含社会保险，还包含社会救济和社会福利。社会保障是安全就业保障的重要内容。当劳动者暂时丧失劳动能力或失业或遇到特殊困难的情形下可以通过社会保障解除后顾之忧。四是合理的劳动时间。劳动时间主要是根据劳动法规定劳动者在一周或一昼夜之内用来完成本职工作的时间，包括工作时间和休闲时间。如果不按相关法律法规约束，雇主就有可能追求最大利润来延长劳动者的劳动时间。五是有效的劳动保护措施。这主要是指对劳动者在劳动过程中采取的安全防护措施，包括劳动者岗前岗位知识培训、农民工群体的劳动保护。六是劳动环境。随着社会经济发展和劳动者安全意识水平提高，人们开始注重健康、安全、卫生和人文的体面的以人为本的工作环境。各个国家也开始普遍重视工作环境问题。适宜的劳动保护和劳动环境是劳动者安全就业的前提，让劳动者在符合安全卫生标准的条件下接受用人劳动，有权拒绝所在企业的强制冒险作业、违章指挥、过度劳动等，有权要求所在企业为其提供安全舒适、健康的工作环境和公共卫生安全防护等就业保障。

基于此，安全就业包含了工作稳定性、职业病预防、工伤事故预防、劳动时间、劳动保护、社会保障、劳动环境七个基本指标体系。

---

① 李炳安. 劳动和社会保障法 [M]. 厦门：厦门大学出版社，2007.

### 5.1.6.3　农民工平等就业评价指标体系理论遴选

马斯洛需求层次理论中的"爱和归属的需要"耦合体面就业所蕴含的基本理念"平等的工作"为农民工平等就业指标体系遴选奠定了理论基础。

马斯洛需求层次理论中的"归属与爱的需求"是指人与人之间建立起来的情感联系以及要求隶属于某一个群体,且要求在群体中享有平等地位的需要。当劳动者获得安全感后,在收入稳定和住所固定的情形下,就会产生在所处群体中的地位需求,愿意与同事建立起良好的平等、和谐的人际关系,并期望得到社会和团体的接受与认可。如果该需要得不到满足,人们就会产生强烈的疏离感和孤独感。

国际劳工组织认为,体面就业应该包含生产性的工作机会、劳动场所的安全、公平的收入、个人发展和社会融入、有效的劳动保护、完善的社会保障、自由地表达观点、无论男性和女性都能平等参与工作决策。尽管我国的劳动法律法规认定用人单位与组织内部员工之间在劳动法律关系地位上处于平等地位,但在社会实践中,处于弱势地位的农民工就业没有享受到社会公平待遇。为了弥补这种经济地位上的不平等,真正实现法定的平等就业权,学者们赋予了劳动领域内弱势群体以民主参与权,让其在某种程度上参与企业或社会管理或监督,从而获得一定的可以影响其自身利益的权利,逐步实现社会地位的事实平等。

体面就业所蕴含的基本理念"平等的工作"主要包含以下三层意思:一是就业主体地位平等。《中华人民共和国劳动法》第三条规定,每个劳动者都平等享有劳动就业权,享受公平的社会待遇,排斥各种就业歧视。农民工在平等享受就业权方面存在各种问题,各种就业歧视现象依然存在,如年龄歧视、性别歧视、学历歧视、户籍歧视等。二是就业机会平等。就业机会平等主要是指通过劳动力市场的资源优化配置,给劳动者提供充分的就业机会,使劳动者与就业机会达成最佳结合。对于农民工群体而言,自身所拥有的人力资源和社会资源禀赋非常缺乏,需要政府营造良好的法律环境和就业环境,通过立法或完善相关劳动法律法规来规范企业的劳动用工行为,保证公平合理的竞争机制,让农民工自由参与劳动力市场竞争就业。三是公平的劳动报酬。劳动报酬的获取是劳动者提供劳动的最主要的目的。公平的劳动报酬就是同工同酬,是指劳动者通过自身提供的劳动数量与质量获取等量的工资收入、福利和奖金等劳动报酬,从而实现就业方面的平等。平等就业贯穿整个劳动过程,体面就业追求的同工同酬主要是指男女同工同酬、城乡同工同酬等。

综合上述分析，马斯洛需求层次理论中的"归属和爱的需要"是指人们在人与人之间建立起来的平等地位，与体面就业的公平的工作完全契合。农民工平等就业包含了收入公平、晋升机会、培训机会、带薪休假、就业歧视五个基本指标体系。

### 5.1.6.4 农民工有尊严就业评价指标体系理论遴选

马斯洛需求层次理论中的"尊重需要"完全契合体面就业所蕴含的基本理念"受尊重的工作"，均表明劳动者在就业过程中要受到尊重，为农民工体面就业评价指标体系的构建奠定了理论基础。

马斯洛需求层次理论中的尊重需要可以分为内部尊重和外部尊重。其中，内部尊重就是人的自尊，人们期望自身在不同情境下能独立自主、信心满满、有实力能胜任组织任务；外部尊重是人们渴求自己在社会和组织中占有一定的社会地位，能被社会和组织公平对待，自身的能力和成就能得到组织和社会的认可、信赖和高度评价。马斯洛认为，尊重需要既是人的高层次需要，也是劳动者社会发展的需要。当尊严得到满足，人们就会对社会满腔热情、对自己信心百倍，从而体验到自己存在的社会价值。

有尊严就业是指劳动者依法享有平等就业和人格尊严不受侵犯的权利。它包含了以下两层意思：一是就业主体地位平等。有尊严就业的权利主体是劳动者。在劳动关系存续期间，所有的劳动都应该受到应有的平等尊重。二是劳动者的人格尊严不受侵犯。在劳动就业过程中，劳动者有权获取等量报酬，有权要求雇主提供合适的工作条件和适宜的工作环境，有权加入工会组织并参与其开展的各种活动，有权让雇主、顾客及单位同事尊重自己的劳动，雇主不能因为强势的经济地位而蔑视劳动者应该享有的平等地位。对其实施殴打等暴力行为或强迫接受超时劳动、恶劣的劳动环境、不合理的劳动条件、随意克扣或拖欠工资等行为，都会严重侵犯劳动者的人格尊严。劳动尊重权已经被法律法规纳入劳动权体系。劳动权是指劳动者依法获得的一切劳动权利，包括就业权、报酬权、休闲权、职业安全权、职业培训权、结社权、社会保障权、集体协商权、劳动争议处理权和民主参与管理权等，既包括劳动者的生存权也包括劳动者的发展权。如果劳动者的某一项劳动权利缺失，其他权利的行使就会受到严重影响，所以，将劳动尊重权纳入劳动权保障体系是为了更加全面地保障劳动者的合法劳动权益。

体面就业是劳动者人格尊严保护的核心内容，劳动者的人格尊重主要体现在企业管理方面。当对劳动者的尊重与企业管理发生冲突时，应该倾向劳动者尊严保障，具体包含如下两层意思：一是企业行使某些不正当的权利侵犯了劳动者的人格尊严，应当依法受到法律制裁；二是企业行使正当的权利却践踏了劳动者的人格尊重，在这种情况下就应该依法对企业劳动用工制度进行规范，侧重保障劳动者的权益而非企业利益。当劳动者的就业权与企业用人自主权相冲突时，用人自主权就应该让步于就业权。劳动者民主参与企业管理是劳动关系协调的重要手段，劳动者通过职工代表大会、职工大会或工会组织行使民主管理权，既能保障自身劳动权益也能促进企业组织发展。

目前，我国生存型农民工在尊严就业方面表现得十分不足，这部分劳动者所处的大部分劳动组织根本就没有成立工会组织的条件，成天忙于生计，也无暇关心工会组织的发展和参与工会组织管理；有个别企业肆意践踏其人格尊严，导致劳动纠纷频发，这严重地影响了我国社会经济的健康稳定发展。

综合上述研究，农民工尊严就业包含了参与组织管理、组织人际关系、权益侵犯、是否拖欠工资、工会组织情况等六个基本指标体系。

### 5.1.6.5　农民工自我实现就业评价指标体系理论遴选

马斯洛需求层次理论中的"自我实现的需要"理论耦合体面就业所蕴含的基本理念"自由的工作"为农民工自我实现就业评价指标体系理论遴选奠定了理论基础。

马斯洛需求层次理论中的"自我实现的需要"是指劳动者通过劳动实践活动满足自身发展的需要，勇于承担社会责任，为社会做出自己力所能及的贡献，实现人生价值和理想的过程。马斯洛认为，自我实现的需要是人最高层次的需要，属于人的发展性需要，在基本需要得到满足后才会出现。马斯洛强调，每个个体先天心理素质存在差异，都是因为各自不同的经历和所处环境导致的，每个个体的潜能开发程度各不相同，人的自我实现是一个从潜能到实现的过程。对于本书研究的生存型农民工而言，生存就业都存在问题，自我价值实现则成为他们的渴求。

体面就业所蕴含的基本理念"自由的工作"体现在就业权实现中。它包含以下两层意思：一是自主择业权。自主择业权是指劳动者结合社会实际根据自身主观意愿决定自己的职业、岗位、工作地点、就业待遇和就业条件等，是劳动者意志自由和人格独立的法律表现，是与雇主进行自主协商在职业间进行转换或流动的权利，包括自主择业、自主与用人单位协商劳动报酬和劳动条件、自主同用人单位订立变更解除或终止劳动合同关系等权利。二是劳动者更关注自身的职业发展。在劳动关系存续过程中，劳动者通过勇于承担具有挑战性的工作，努力承担社会责任，使自身个性和能力两个方面都能得到了最大限度和充分的发展，由此从劳动中获得最大自由，并从自由中获得最大幸福。

综合上述研究，农民工自我实现就业包含了是否自主择业、个人发展是否有前景、工作中是否有发挥能力的机会、工作是否有责任感等基本指标体系。

### 5.1.6.6　农民工体面就业评价指标体系理论遴选的构建

本书为了确保农民工体面就业评价指标体系的规范性、客观性和科学性，在上述理论的基础上遵循评价因素遴选的 SMART 原则外，还充分考虑了农民工群体特征及就业特殊性。在参考国内外研究文献的基础上，本书从理论视角构建了一个有递阶层次结构的农民工体面就业理论遴选评价指标体系，具体见表 5-2。

表 5-2　农民工体面就业理论遴选评价指标体系

| 目标层 | 准则层 | 因素层 | 评价标准 |
|---|---|---|---|
| 农民工体面就业 | 生存就业 | 工作机会 | 获取工作难易程度 | 很容易、较容易、一般、不容易、很不容易分别赋值 5~1 分 |

| 目标层 | 准则层 | 因素层 | | 评价标准 |
|---|---|---|---|---|
| 农民工体面就业 | 生存就业 | 工作机会 | 获取工作难易程度 | 很容易、较容易、一般、不容易、很不容易分别赋值 5~1 分 |
| | | | 失业情况 | 无、1 次、2 次、3 次、4 次、5 次以上分别赋值 5~0 分 |
| | | 劳动报酬 | 劳动报酬（包括工资、奖金、津贴等，平均收入是当地年平均工资收入） | 远高于平均水平、较高于平均水平、等于平均水平、较低于平均水平、远低于平均水平分别赋值 5~1 分 |
| | | | 加班工资支付情况 | 很满意、较满意、一般、较不满意、很不满意分别赋值 5~1 分 |
| | | | 与同行业工作薪酬比较状况 | 很满意、较满意、一般、较不满意、很不满意分别赋值 5~1 分 |
| | | | 基本福利（补贴、体检、年假） | 很满意、较满意、一般、较不满意、很不满意分别赋值 5~1 分 |
| | | | 工作环境补贴 | 很高、较高、一般、较低、很低、没有分别赋值 6~0 分 |
| | | 住所条件 | 住所类型 | 廉租房或自购房、独立租赁、与人合租、单位宿舍或生产经营场所、工地工棚分别赋值 5~1 分 |
| | | | 住房补贴 | 很高、较高、一般、较低、很低、没有分别赋值 6~0 分 |

表5-2(续)

| 目标层 | 准则层 | 因素层 | 评价标准 |
|---|---|---|---|
| | 交通条件 | 交通工具 | 自驾车或单位交通车、骑自行车、乘轨道车、公交车、步行分别赋值5~1分 |
| | | 交通补贴 | 很高、较高、一般、较低、很低、没有分别赋值6~0分 |
| | 子女教育 | 子女入学难易程度 | 很容易、较容易、一般、不容易、很不容易分别赋值5~1分 |
| | | 子女学费（与当地同年级城镇学生相比） | 很低、较低、相当、较高、很高分别赋值5~1分 |
| | 就医条件 | | 很好、较好、一般、较差、很差分别赋值5~1分 |
| 安全就业 | 工作稳定性 | 是否签订劳动合同 | 签订为1分，没有签订为0分 |
| | | 劳动合同签订期限 | 签订三年以上劳动合同、两年以上劳动合同、一年以上劳动合同、一年以下劳动合同、没有签订劳动合同分别赋值5~1分 |
| | | 集体劳动合同签订 | 签订为1分，没有签订为0分 |
| | | 职业病预防措施 | 很好、较好、一般、较差、很差分别赋值5~1分 |
| | | 劳动安全事故预防措施 | 很好、较好、一般、较差、很差分别赋值5~1分 |
| | | 劳动条件（用周工作时间衡量：周均工作天数和日均工作小时数乘积计算得到） | 36~40小时、41~45小时、45~50小时、50~56小时、56小时以上分别赋值5~1分 |
| | | 劳动保护措施 | 很好、较好、一般、较差、很差分别赋值5~1分 |
| | 社会保障 | 养老保险 | 参与为1分，没参与为0分 |
| | | 医疗保险 | 参与为1分，没参与为0分 |
| | | 工伤保险 | 参与为1分，没参与为0分 |
| | | 生育保险 | 参与为1分，没参与为0分 |
| | | 失业保险 | 参与为1分，没参与为0分 |
| | | 住房公积金 | 参与为1分，没参与为0分 |
| | | 商业保险 | 参与为1分，没参与为0分 |
| | | 社会福利 | 很满意、较满意、一般、较不满意、很不满意分别赋值5~1分 |
| | | 社会救助 | 很满意、较满意、一般、较不满意、很不满意分别赋值5~1分 |
| | | 劳动环境 | 很好、较好、一般、较差、很差分别赋值5~1分 |

表5-2(续)

| 目标层 | 准则层 | 因素层 | 评价标准 |
|---|---|---|---|
| | 公平就业 | 公平待遇 | 很公平、较公平、一般、较不公平、很不公平分别赋值5~1分 |
| | | 晋升机会 | 很公平、较公平、一般、较不公平、很不公平分别赋值5~1分 |
| | | 培训机会 | 三次以上为4分,两次为3分,一次为2分,没参加过为1分 |
| | | 带薪休假 | 有为1分,无为0分 |
| | | 就业歧视 | 有为0分,无为1分 |
| | 有尊严就业 | 参与组织管理 | 常参与、较常参与、一般、不常参与、不参与分别赋值5~1分 |
| | | 组织人际关系 | 很满意、较满意、一般、较不满意、很不满意分别赋值5~1分 |
| | | 权益侵害 | 无、很少、一般、较严重、很严重分别赋值5~1分 |
| | | 工资发放足额按时 | 按时足额发放为1分,无故拖延发放为0分 |
| | | 是否通过工会组织维权 | 是为1分,否为0分 |
| | | 工会维权效果 | 很满意、较满意、一般、较不满意、很不满意分别赋值5~1分 |
| | 自我实现就业 | 能否根据自身偏好自由择业 | 能为1分,否为0分 |
| | | 工作是否具有挑战性 | 是为1分,否为0分 |
| | | 个人发展是否有前景 | 有为1分,无为0分 |
| | | 工作业绩对组织发展的贡献 | 很大、较大、一般、较小、很小 |
| | | 工作中是否有发挥能力的机会 | 有为1分,无为0分 |
| | | 工作是否有责任感 | 很强、较强、一般、较不强、很不强分别赋值5~1分 |

### 5.1.7 农民工体面就业评价指标体系构建的实证筛选

经过理论遴选出的农民工体面就业评价指标体系是基于马斯洛需求层次理论与体面就业内涵所蕴含的基本工作理念,结合农民工群体的特征和就业特殊性,参考国内外学者研究文献构建的,但不可避免会受到一些因素的影响。对理论遴选出来的指标体系进行实证筛选,是为了提高指标体系的有效性和科学性且十分必要。

5.1.7.1 农民工体面就业评价指标体系的隶属度分析

本书采用隶属度分析的数据主要源于成都市、西安市、广州市、重庆市、上海市、山东青岛市的 7 所高校从事劳动经济或人力资源管理研究的教授和 16 位民营企业人力资源部经理的问卷调查，他们具有丰富的专业知识或社会实践经验，邀请他们对之前理论遴选出来的评价指标体系做出重要性评价，发出问卷 23 份，有效回收问卷 23 份，有效回收率为 100%。

隶属度是个模糊数学概念，往往用来分析现代经济生活中的大量模糊数学现象，主要分析某一模糊元素属于某个结合的程度，就成为该元素对某个集合的隶属度[1]。农民工群体体面就业评价指标体系具有非常大的模糊性，其指标元素较为复杂，较适合做隶属度分析。

本课题组把农民工体面就业评价指标体系 {A} 视为一个模糊集合，对理论遴选出来的 32 个指标元素进行隶属度分析，通常是把第 $k$ 个评价因素 $A_k$，邀请专家认为该因素较为重要的选择次数为 $V_k$。本书有效回收问卷 23 份，该评价因素的隶属度为 $Y_k = V_k / 23$，学术界常把 0.2 作为隶属度的临界值。只有当 $Y_k \geq 0.2$ 时，才表明该评价因素在某种程度上属于这个集合，该评价因素则应保留，否则，则应予剔除。本书根据问卷调查所获得的数据进行统计，剔除了 8 个隶属度小于 0.2 的评价因素，重新构建了第二轮农民工体面就业评价指标体系。其具体情况见表 5-3。

表 5-3 评价因素隶属度分析

| 序号 | 指标元素 | 隶属度 | 序号 | 指标元素 | 隶属度 |
|---|---|---|---|---|---|
| 1 | 失业情况 | 0.131 5 | 5 | 商业保险 | 0.112 8 |
| 2 | 基本福利（补贴、体检、年假） | 0.140 7 | 6 | 社会福利 | 0.163 8 |
| 3 | 工作环境补贴 | 0.124 8 | 7 | 社会救助 | 0.172 2 |
| 4 | 集体劳动合同签订 | 0.190 6 | 8 | 工作是否具有挑战性 | 0.153 0 |

5.1.7.2 农民工体面就业评价指标体系的相关性分析

经过第二轮隶属度分析后的评价指标体系，其科学性和有效性进一步提高，但各元素之间还可能存在相关性问题，从而导致信息重复使用，同

---

[1] 万华，卢庆辉. 江西民营企业劳动关系评价指标体系设计 [J]. 华东交通大学学报，2008 (6)：93-98.

样也会影响评价结果的科学性和有效性。通过相关性分析，对相关系数大于 0.6 的评价因素进行剔除。本课题组利用两两矩阵调查问卷设计方法对第二轮隶属度实证遴选后的评价指标体系进行重新设计，评分标准采用李克特五点计分评价法，两两相关程度最低的计 1 分，两两相关程度最高的计 5 分，其余以此类推。问卷仍然返回给上述 23 位专家学者，发出问卷 23 份，有效回收问卷为 23 份，有效回收率为 100%。

由于调查问卷采用的是定序数据，本课题组运用 SPSS20.0 统计软件对调研数据进行相关性分析，研究采用 Kendall 系数，建立相关系数矩阵，把 0.6 设定为临界值，剔除 7 项大于临界值的指标元素。其具体情况见表 5-4。

表 5-4    评价因素的相关性分析

| 序号 | 保留指标元素 | 删除指标元素 | 相关系数 |
| --- | --- | --- | --- |
| 1 | 年收入（包括工资、奖金、津贴等，平均收入是当地年平均工资收入） | 加班工资支付情况 | 0.612 |
| 2 | 公平待遇 | 与同行业工作薪酬比较状况 | 0.741 |
| 3 | 劳动保护措施 | 职业病预防措施 | 0.803 |
| 4 | 劳动保护措施 | 工伤事故预防措施 | 0.824 |
| 5 | 住房补贴 | 住房公积金 | 0.652 |
| 6 | 公平待遇 | 就业歧视 | 0.679 |
| 7 | 晋升机会 | 个人发展是否有前景 | 0.845 |

本书将理论遴选出来的 47 个指标体系进行了隶属度和相关性分析，剔除了隶属度小于 0.2 的 8 个指标体系和 7 个相关程度较高的指标体系，构建了 5 个维度、32 个评价因素的农民工体面就业评价指标体系。其具体情况见表 5-5。

表 5-5　农民工体面就业评价指标体系

| 目标层 准则层 | | 因素层 | 评价标准 |
|---|---|---|---|
| 农民工体面就业 A | 生存就业 B₁ | 工作机会（C₁） | 很容易、较容易、一般、不容易、很不容易分别赋值 5~1 分 |
| | | 劳动报酬（C₂）（劳动报酬包括工资、奖金、津贴等，平均收入是当地年平均工资收入） | 远高于平均水平、较高于平均水平、等于平均水平、较低于平均水平、远低于平均水平分别赋值 5~1 分 |
| | | 住所条件　住所类型 C₃ | 廉租房或自购房、独立租赁、与人合租、单位宿舍或生产经营场所、工地工棚分别赋值 5~1 分 |
| | | 住所条件　住房补贴 C₄ | 很高、较高、一般、较低、很低、没有分别赋值 6~0 分 |
| | | 交通条件　交通工具 C₅ | 自驾车或单位交通车、骑自行车、乘轨道车、公交车、步行分别赋值 5~1 分 |
| | | 交通条件　交通补贴 C₆ | 很高、较高、一般、较低、很低、没有分别赋值 6~0 分 |
| | | 子女教育　子女入学难易 C₇ | 很容易、较容易、一般、不容易、很不容易分别赋值 5~1 分 |
| | | 子女教育　子女学费 C₈（与当地同年级城镇学生相比） | 很低、较低、相当、较高、很高分别赋值 5~1 分 |
| | | 就医条件 C₉ | 很好、较好、一般、较差、很差分别赋值 5~1 分 |
| | 安全就业 B₂ | 工作稳定性 C₁₀ | 签订三年以上劳动合同、两年以上劳动合同、一年以上劳动合同、一年以下劳动合同、没有签订劳动合同分别赋值 5~1 分 |
| | | 劳动时间 C₁₁（用周工作时间衡量：周均工作天数和日均工作小时数乘积计算得到） | 36~40 小时、41~45 小时、45~50 小时、50~56 小时、56 小时以上分别赋值 5~1 分 |
| | | 劳动保护措施 C₁₂ | 很好、较好、一般、较差、很差分别赋值 5~1 分 |
| | | 社会保障　养老保险 C₁₃ | 参与为 1 分，没参与为 0 分 |
| | | 社会保障　医疗保险 C₁₄ | 参与为 1 分，没参与为 0 分 |
| | | 社会保障　工伤保险 C₁₅ | 参与为 1 分，没参与为 0 分 |
| | | 社会保障　生育保险 C₁₆ | 参与为 1 分，没参与为 0 分 |
| | | 社会保障　失业保险 C₁₇ | 参与为 1 分，没参与为 0 分 |
| | | 劳动环境 C₁₈ | 很好、较好、一般、较差、很差分别赋值 5~1 分 |

表5-5(续)

| 目标层 | 准则层 | 因素层 | 评价标准 |
|---|---|---|---|
| | 公平就业 B₃ | 收入公平 $C_{19}$ | 很公平、较公平、一般、较不公平、很不公平分别赋值5~1分 |
| | | 晋升机会 $C_{20}$ | 很公平、较公平、一般、较不公平、很不公平分别赋值5~1分 |
| | | 培训机会 $C_{21}$ | 三次及以上为4分,两次为3分,一次为2分,没参加过为1分 |
| | | 带薪休假 $C_{22}$ | 有为1分,无为0分 |
| | 有尊严就业 B₄ | 参与组织决策 $C_{23}$ | 常参与、较常参与、一般、不常参与、不参与分别赋值5~1分 |
| | | 组织人际关系 $C_{24}$ | 很满意、较满意、一般、较不满意、很不满意分别赋值5~1分 |
| | | 权益侵害 $C_{25}$ | 无、很少、一般、较严重、很严重分别为5~1分 |
| | | 是否拖欠工资 $C_{26}$ | 否为1分,是为0分 |
| | | 是否通过工会组织维权 $C_{27}$ | 是为1分,没有为0分 |
| | | 工会维权效果 $C_{28}$ | 很满意、较满意、一般、较不满意、很不满意分别赋值5~1分 |
| | 自我实现就业 B₅ | 能否实现工作—生活平衡 $C_{29}$ | 能为1分,否为0分 |
| | | 工作业绩对组织发展的贡献 $C_{30}$ | 有为1分,无为0分 |
| | | 工作中是否有发挥能力的机会 $C_{31}$ | 有为1分,无为0分 |
| | | 工作是否有责任感 $C_{32}$ | 很强、较强、一般、较不强、很不强分别赋值5~1分 |

## 5.1.8 农民工体面就业评价指标体系权重的确立

本书在确立农民工就业评价指标体系权重系数时,主要采用了以下两种方法:

### 5.1.8.1 德尔菲法

德尔菲法是一种专家调查预测法,由美国专家赫尔姆等人于20世纪40年代首次提出。它是凭借专家经验与专业知识对事先根据通过调查得到的信息或数据直接或间接地做出综合分析,寻求其特性或发展规律,并进行预测的一种方法。德尔菲法的具体流程是:在进行预测时,专家只与调查人员联系,并以匿名的形式表达建议,然后调查人员再对专家多次表达的建议进行反复归纳汇总,最终形成一致的预测结果。

5.1.8.2 *层次分析法*

本书采用层次分析（AHP）法对评价指标确立权重。层次分析法是20世纪70年代美国运筹学教授萨蒂提出的一种层次权重决策分析方法。该方法把决策问题按照目标层、准则层、评价因素层三个层次进行层次分解，构造矩阵和计算其特征向量，确定低层次上每一个评价因素对高层次某一个评价因素的优先权重，通过求总和与规一的方法对各个被选择方案进行递阶归到目标层的最终权重①。该方法主要适用于问卷只是主观定性结果，在确定各层次因素之间的权重时，通常不易被接受，主要采用两两矩阵，矩阵尺度采用9个重要性等级评价方法进行评价。

根据上述分析，农民工体面就业评价指标体系权重的确立适合采用层次分析法。

第一步，建立判断矩阵，对于评价目标 $A$，评价指标集 $F = \{f_1, f_2, \cdots, f_j\}$，构造的判断矩阵 $M = (A - F)$ 为

$$M = \begin{vmatrix} f_{11} & \cdots & f_{1i} \\ \cdots\cdots\cdots\cdots\cdots \\ f_{j1} & \cdots & f_{ji} \end{vmatrix}$$

本课题组将专家评价的第 $j$ 个因素对上一目标层的影响结果进行排序，比较它们对上一层目标的重要程度。本课题组采用层次分析法的两两比较方式确定诸因素的相对重要性的1~9标度法，见表5-6；采用德尔菲法对在重庆市、成都市等城市的7所高校从事劳动经济或人力资源管理研究的专家教授和16位民营人力资源部经理进行的调查问卷见附录C。

表5-6 两两矩阵判断评价尺度

| A | 评价尺度 | | | | | | | | | B |
|---|---|---|---|---|---|---|---|---|---|---|
| | 9 | 7 | 5 | 3 | 1 | 3 | 5 | 7 | 9 | |
| 因素 A₁ | | | | | | | | | | 因素 B₁ |

第二步，层次单排序。层次单排序是相对于上层某因素来确定本层所有因素的指标权重赋值。

---

① 赵新泉，彭勇行. 管理决策分析 [M]. 北京：科学出版社，2008.

第三步，层次总排序。层次总排序是指在同一因素层中用所有层次单排序的结果来计算相对于上一层的本层次因素的权重值，这种排序一般是自上而下进行的，

发放问卷 23 份，回收有效问卷 23 份，有效回收率为 100%。把回收问卷的数据运用层次分析的特征根法，采用 YAAHP 软件，构造具体的两两判断矩阵模型，得出的结果如表 5-7、表 5-8、表 5-9、表 5-10、表 5-11和表 5-12 所示，W 表示每一因素对上一层次要素的权重，并计算矩阵的一致性比率 CR 值。其中，$W_{ABi}$ 表示准则层相对于目标层的权重，$W_{ACi}$ 表示因素层相对于目标层的权重，$W_{BCi}$ 等于 $W_{ACi}$ 之和。

表 5-7　准则层 B 对目标层 A 的相对权向量及一致性比率

| 目标层 A | $B_1$ | $B_2$ | $B_3$ | $B_4$ | $B_5$ |
|---|---|---|---|---|---|
| 权重 $W_{B1}-W_{B5}$ | 0.309 1 | 0.243 2 | 0.124 7 | 0.213 5 | 0.109 5 |
| 矩阵一致性比率：CR＝0.032 7 | | 对总目标 A 的权重：1.000 0 | | | |

表 5-8　评价因素 $C_1 \sim C_9$ 对准则层 $B_1$ 和目标层 A 的相对权向量及一致性比率

| 权重 | $C_1$ | $C_2$ | $C_3$ | $C_4$ | $C_5$ | $C_6$ | $C_7$ | $C_8$ | $C_9$ |
|---|---|---|---|---|---|---|---|---|---|
| 相对于 $B_1$ 的权重 $W_{AB1}-W_{AB9}$ | 0.197 4 | 0.212 6 | 0.046 9 | 0.069 7 | 0.105 2 | 0.067 5 | 0.087 2 | 0.085 1 | 0.128 4 |
| 相对于 A 的权重 $W_{AC1}-W_{AC9}$ | 0.061 0 | 0.065 7 | 0.014 5 | 0.021 5 | 0.032 5 | 0.020 9 | 0.026 9 | 0.026 3 | 0.039 7 |
| 矩阵一致性比率：CR＝0.040 1　　　$B_1$ 对总目标 A 的权重：0.309 1 | | | | | | | | | |

表 5-9　评价因素 $C_{10} \sim C_{14}$ 对准则层 $B_2$ 和目标层 A 的相对向量及一致性比率

| 权重 | $C_{10}$ | $C_{11}$ | $C_{12}$ | $C_{13}$ | $C_{14}$ | $C_{15}$ | $C_{16}$ | $C_{17}$ | $C_{18}$ |
|---|---|---|---|---|---|---|---|---|---|
| 相对于 $B_2$ 的权重 $W_{AB10}-W_{AB18}$ | 0.172 7 | 0.117 0 | 0.137 8 | 0.159 8 | 0.147 5 | 0.071 6 | 0.071 6 | 0.071 6 | 0.050 4 |
| 相对于 A 的权重 $W_{AC10}-W_{AC18}$ | 0.042 0 | 0.028 5 | 0.033 5 | 0.038 9 | 0.035 9 | 0.017 4 | 0.017 4 | 0.017 4 | 0.012 2 |
| 矩阵一致性比率：CR＝0.039 5　　　$B_2$ 对总目标 A 的权重：0.243 2 | | | | | | | | | |

表 5-10　评价因素 $C_{19} \sim C_{22}$ 对准则层 $B_3$ 和目标层 A 的相对向量及一致性比率

| 权重 | $C_{19}$ | $C_{20}$ | $C_{21}$ | $C_{22}$ |
|---|---|---|---|---|
| 相对于 $B_3$ 的权重 $W_{AB19} - W_{AB22}$ | 0.330 5 | 0.277 8 | 0.156 8 | 0.234 9 |
| 相对于 A 的权重 $W_{AC19} - W_{AC22}$ | 0.041 2 | 0.034 6 | 0.019 6 | 0.029 3 |
| 矩阵一致性比率：CR = 0.050 3　$B_3$ 对总目标 A 的权重：0.124 7 | | | | |

表 5-11　评价因素 $C_{23} \sim C_{28}$ 对准则层 $B_4$ 和目标层 A 的相对向量及一致性比率

| 权重 | $C_{23}$ | $C_{24}$ | $C_{25}$ | $C_{26}$ | $C_{27}$ | $C_{28}$ |
|---|---|---|---|---|---|---|
| 相对于 $B_4$ 的权重 $W_{AB23} - W_{AB28}$ | 0.069 5 | 0.234 1 | 0.286 9 | 0.103 8 | 0.205 7 | 0.100 0 |
| 相对于 A 的权重 $W_{AC23} - W_{AC28}$ | 0.014 8 | 0.049 9 | 0.061 3 | 0.022 3 | 0.043 9 | 0.021 4 |
| 矩阵一致性比率：CR = 0.047 2　$B_4$ 对总目标 A 的权重：0.213 5 | | | | | | |

表 5-12　评价因素 $C_{29} \sim C_{32}$ 对准则层 $B_5$ 和目标层 A 的相对向量及一致性比率

| 权重 | $C_{29}$ | $C_{30}$ | $C_{31}$ | $C_{32}$ |
|---|---|---|---|---|
| 相对于 $B_5$ 的权重 $W_{AB29} - W_{AB32}$ | 0.357 7 | 0.309 4 | 0.151 5 | 0.185 9 |
| 相对于 A 的权重 $W_{AC29} - W_{AC32}$ | 0.039 2 | 0.033 4 | 0.016 6 | 0.020 3 |
| 矩阵一致性比率：CR = 0.059 4　$B_5$ 对总目标 A 的权重：0.109 5 | | | | |

第三步，判断矩阵一致性情况。由于专家在经验和评价认识上存在偏差，可能会在数据结果方面带来片面性，所以只有通过检验才能判断其合理性。当随机一致性比率 CR<0.1 时，则可以判断层次总排序结果具有较满意的一致性。从上述表中的计算结果可以看出，各判断矩阵一致性比率均存在 CR<0.1，满足一致性检验，说明两两判断矩阵中所有指标权重分配均合理。其具体情况见表 5-13。

表 5-13　农民工体面就业评价指标体系权重赋值

| 目标层 | 准则层 | 因素层 | | 评价标准 |
|---|---|---|---|---|
| 农民工体面就业 A（1.000 0） | 生存就业 B¹（0.309 1） | 工作机会（C₁）（0.061 0） | | 很容易、较容易、一般、不容易、很不容易分别赋值 5~1 分 |
| | | 劳动报酬（C₂）（0.065 7）（劳动报酬包括工资、奖金、津贴等，平均收入是当地年平均工资收入） | | 远高于平均水平、较高于平均水平、等于平均水平、较低于平均水平、远低于平均水平分别赋值 5~1 分 |
| | | 住所条件 | 住所类型 C₃（0.014 5） | 廉租房或自购房、独立租赁、与人合租、单位宿舍或生产经营场所、工地工棚分别赋值 5~1 分 |
| | | | 住房补贴 C₄（0.021 5） | 很高、较高、一般、较低、很低、没有分别赋值 6~0 分 |
| | | 交通条件 | 交通工具 C₅（0.032 5） | 自驾车或单位交通车、骑自行车、乘轨道车、公交车、步行分别赋值 5~1 分 |
| | | | 交通补贴 C₆（0.020 9） | 很高、较高、一般、较低、很低、没有分别赋值 6~0 分 |
| | | 子女教育 | 子女入学难易 C₇（0.026 9） | 很容易、较容易、一般、不容易、很不容易分别赋值 5~1 分 |
| | | | 子女学费 C₈（0.026 3）（与当地同年级城镇学生相比） | 很低、较低、相当、较高、很高分别赋值 5~1 分 |
| | | 就医条件 C₉（0.039 7） | | 很好、较好、一般、较差、很差分别赋值 5~1 分 |
| | 安全就业 B²（0.243 2） | 工作稳定性 C₁₀（0.042 0） | | 签订三年以上劳动合同、两年以上劳动合同、一年以上劳动合同、一年以下劳动合同、没有签订劳动合同分别赋值 5~1 分 |
| | | 劳动时间 C₁₁（0.028 5）（用周工作时间衡量：周均工作天数和日均工作小时数乘积计算得到） | | 36~40 小时、41~45 小时、45~50 小时、50~56 小时、56 小时以上分别赋值 5~1 分 |
| | | 劳动保护措施 C₁₂（0.033 5） | | 很好、较好、一般、较差、很差分别赋值 5~1 分 |
| | | 社会保障 | 养老保险 C₁₃（0.038 9） | 参与为 1 分，没参与为 0 分 |
| | | | 医疗保险 C₁₄（0.035 9） | 参与为 1 分，没参与为 0 分 |
| | | | 工伤保险 C₁₅（0.017 4） | 参与为 1 分，没参与为 0 分 |
| | | | 生育保险 C₁₆（0.017 4） | 参与为 1 分，没参与为 0 分 |
| | | | 失业保险 C₁₇（0.017 4） | 参与为 1 分，没参与为 0 分 |
| | | 劳动环境 C₁₈（0.012 2） | | 很好、较好、一般、较差、很差分别赋值 5~1 分 |

表5-13(续)

| 目标层 | 准则层 | 因素层 | 评价标准 |
|---|---|---|---|
| 农民工体面就业A (1.000 0) | 公平就业 B³ (0.124 7) | 收入公平 $C_{19}$ (0.041 2) | 很公平、较公平、一般、较不公平、很不公平分别赋值5~1分 |
| | | 晋升机会 $C_{20}$ (0.034 6) | 很公平、较公平、一般、较不公平、很不公平分别赋值5~1分 |
| | | 培训机会 $C_{21}$ (0.019 6) | 三次以上为4分,两次为3分,一次为2分,没参加过为1分 |
| | | 带薪休假 $C_{22}$ (0.029 3) | 有为1分,无为0分 |
| | 有尊严就业 B⁴ (0.213 5) | 参与组织决策 $C_{23}$ (0.014 8) | 常参与、较常参与、一般、不常参与、不参与分别赋值5~1分 |
| | | 组织人际关系 $C_{24}$ (0.049 9) | 很满意、较满意、一般、较不满意、很不满意分别赋值5~1分 |
| | | 权益侵害 $C_{25}$ (0.061 3) | 无、很少、一般、较严重、很严重分别为5~1分 |
| | | 是否拖欠工资 $C_{26}$ (0.022 3) | 否为1分,是为0分 |
| | | 是否通过工会组织维权 $C_{27}$ (0.043 9) | 是为1分,没有为0分 |
| | | 工会维权效果 $C_{28}$ (0.021 4) | 很满意、较满意、一般、较不满意、很不满意分别赋值5~1分 |
| | 自我实现就业 B⁵ (0.109 5) | 能否实现工作—生活平衡 $C_{29}$ (0.039 2) | 很满意、较满意、一般、较不满意、很不满意分别赋值5~1分 |
| | | 工作业绩对组织发展的贡献 $C_{30}$ (0.033 4) | 有为1分,无为0分 |
| | | 工作中是否有发挥能力的机会 $C_{31}$ (0.016 6) | 有为1分,无为0分 |
| | | 工作是否有责任感 $C_{32}$ (0.020 3) | 很强、较强、一般、较不强、很不强分别赋值5~1分 |

### 5.1.9 根据权重判断各影响因素的重要性及前10位排序

在统计理论与实际中,权重主要是表明各评价因素重要性的权数,即各评价因素对总目标的影响程度[1]。从准则层对目标层的权重来看,农民工的生存就业权重最大,安全就业和有尊严就业次之,农民工体面就业比较注重生存就业和安全就业,这样比较符合体面就业的社会实践要求。本课题组通过对因素层相对于目标层的权重提取前10位进行排序,见表5-14。排名前三位的分别是劳动报酬、权益侵害和工作机会,说明农民工体面就

---

[1] 钱芳,陈东有,周晓刚.农民工就业质量测算指标体系的构建 [J].江西社会科学,2013 (9):189-192.

业比较注重现实收入、权益侵害和工作机会，三者的权重值均在 0.060 0 以上，这三个评价因素均可以从宏观层面上反映政府职能及运行效率，事关农民工体面就业之本；排名第四、第五、第六、第七位的分别是组织人际关系、是否通过工会组织维权、劳动关系和收入公平，四者的权重值在 0.060 0~0.040 0 之间，这四个评价因素说明要实现农民工群体体面就业必须加强企业组织的劳动用工制度建设。一方面，希望企业成立工会，通过工会争取农民工群体利益；另一方面，希望企业加强企业文化建设，建立良好的人际关系和公平的企业文化，让农民工群体对企业组织产生较强的归属感，从而提升组织绩效。排名第八、第九、第十位的分别是就医条件、工作—生活平衡和养老保险，三者的权重值在 0.040 0~0.035 0 之间，这三个评价因素主要体现在农民工生活质量方面。

从评价因素前 10 位排名情况来看，该评价体系事关政府、企业、工会和农民工自身建设，符合本书研究的多方合作建设机制，故此评价体系构建和权重分配均具有一定的科学性和合理性，见表 5-14。

表 5-14　根据权重值判断农民工体面就业排名前 10 位的影响因素及关系层面对应

| 排序 | 1 | 2 | 3 | 4 | 5 | 6 | 7 | 8 | 9 | 10 |
|---|---|---|---|---|---|---|---|---|---|---|
| $W_{AC_i}$权重 | 0.065 7 | 0.061 3 | 0.061 0 | 0.049 9 | 0.043 9 | 0.042 0 | 0.041 2 | 0.039 7 | 0.039 2 | 0.038 9 |
| 主要评价因素排序 | 劳动报酬 $C_2$ | 权益侵害 $C_{25}$ | 工作机会 $C_1$ | 组织人际关系 $C_{24}$ | 通过工会组织维权 $C_{27}$ | 劳动关系 $C_{10}$ | 收入公平 $C_{19}$ | 就医条件 $C_9$ | 工作—生活平衡 $C_{29}$ | 养老保险 $C_{13}$ |
| 关系层面 | 政府层面 | | | 企业层面 | | | | | 农民工生活质量层面 | |

## 5.2　农民工工作与生活质量评价指标体系的构建

工作生活质量（quality of working life，QWL）是 1972 年在国际劳工会议上首次提出来的，自此工作生活质量进入一个全新的研究阶段。本书通过研读大量的文献，梳理了国内外关于工作生活质量的内涵界定相关文献，从不同的研究视角，学者们对工作生活质量的内涵界定可以分为三种类型：第一种类型认为工作生活质量是组织的一种价值观和理念，强调工作对组织成员组织效能、员工参与组织管理、组织人际关系和以人为本的组织文化等方面的影响，尤其是组织人际关系、员工参与组织管理、以人为本的组织文化等理念是其核心所在；第二种类型认为工作生活质量是劳动者的主观感受和体念，主要是指工作及环境对劳动者的影响，或劳动者通过工作在组织中获取的物质财富或精神财富方面的效用感；第三种类型是把工作生活质量作为组织改进和提升员工满意度的方案与措施，许多企业通过丰富多彩的活动方案，主动让员工参与组织管理，帮助组织解决各种现实问题，从而提升组织绩效。三种类型的研究内容包括薪酬待遇、人际关系、职业发展机会、工作与家庭平衡和工作、工作特性等。

国内学者在工作生活质量方面的研究起步较晚。最早开展工作生活质量研究的学者是杨学涵和王东华（1996），他们通过研究认为工作生活质量包括工作环境的安全性、劳动报酬的公平性和充分性、职工能力充分开发与利用、职工的权利保障、组织内的小集团倾向、民主参与管理等内容①；陈海玲（2006）通过研究认为工作生活质量包括酬劳与奖励、生活保障、工作特征、工作成长环境、工作与家庭权衡、人际关系及别人的尊重②；卿涛等（2007）通过研究认为知识型员工工作生活质量包括组织环境、工作任务和社会心理三个层面③；孙泽厚等（2009）通过研究认为工作生活质量是指通过组织效能对个体工作与生活的一种质量评价，包括生活保障、工作自主性、自尊、自我成长、工作环境、工作报酬、工作与家庭冲突、人际关系、公平对待、参与决策等④。

由于不同学者研究视角不同，至今还没有形成一个统一的评价指标体系对工作生活质量进行较为精确的测评，本书根据学者保罗·斯佩克特（Paul Spector，1997）编制的"job satisfaction survey"，简称"JSS"，即工作满意度调查评价指标体系，结合以上我国学者的研究成果，提出10个测量题目。该量表涵盖保罗·斯佩克特提出的自我成就感、工作自主性、报酬水平、工作安全性，同时还包括我国学者提出的职业发展、组织人际关系等影响工作生活质量的外在因素。满意程度采用李克特五点计分评价法。分数越低表示满意程度越低，反之则越高，见表5-15。

---

① 杨学涵，王东华. 提高工作生活质量（QWL）发展以人为中心的管理体系 [J]. 人类工效学，1996（3）：56-58.

② 刘海玲. 企业员工工作生活质量及其组织承诺的关系研究 [D]. 郑州：河南大学，2006.

③ 卿涛，彭天宇，罗键. 企业知识员工工作生活质量结构维度探析 [J]. 西华大学学报（哲学社会科学版），2007（10）：26.

④ 孙泽厚，周露. 工作幸福感与工作生活质量及工作绩效的关系研究 [J]. 统计与决策，2009（11）：92-94.

表 5-15　农民工工作生活质量评价体系构建

| 目标层 | 要素层 | 满意程度（由最低到最高依次排列，分数从 1 分到 4 分） | | | | |
|---|---|---|---|---|---|---|
| | | 非常不满意 | 不满意 | 一般 | 满意 | 非常满意 |
| 农民工工作生活质量 | QWL₁ 自主择业 | | | | | |
| | QWL₂ 安全的工作环境 | | | | | |
| | QWL₃ 组织人际关系和谐 | | | | | |
| | QWL₄ 工作稳定性 | | | | | |
| | QWL₅ 工作技能提升 | | | | | |
| | QWL₆ 组织内人际关系 | | | | | |
| | QWL₇ 工作生活平衡 | | | | | |
| | QWL₈ 组织对员工的尊重 | | | | | |
| | QWL₉ 劳动收入 | | | | | |
| | QWL₁₀ 晋升空间 | | | | | |

# 5.3　组织绩效评价指标体系的构建

企业绩效评价体系是指与企业组织绩效相关的一系列评价指标体系。目前，国内外学者对其研究颇多，传统的组织绩效评价主要集中在会计和组织营利情况两个方面，实质上是财务方面的内容，包括组织纯收益率、收益增长率、资产报酬率等评价体系。近年来，大量研究都是根据平衡记分卡构建组织绩效考评体系，主要内容包括组织的财务指标和非财务指标，组织的财务指标不但获取难而且只是表示过去的业绩，而一些非财务指标如顾客保持率、市场份额占有率等则可以反映未来的组织绩效。本书参考卡普兰和诺顿（Kaplan & Norton，1993）提出的组织相对绩效评价指标体系，构建了组织绩效评价指标体系。本评价指标体系不仅包括财务方面的评价指标，而且包括组织的非财务指标，具体情况见表 5-16。其评价标准采用李克特五点计分评价法，分数越低表示满意程度越低，反之则越高。

表 5-16　组织绩效评价体系构建

| 目标层 | 要素层 | 满意程度（由最低到最高依次排列，分数从 1 分到 5 分） | | | | |
|---|---|---|---|---|---|---|
| | | 非常不满意 | 不满意 | 一般 | 满意 | 非常满意 |
| 组织绩效 | OP$_1$ 与上一年比，组织销售增长率提高 | | | | | |
| | OP$_2$ 与上一年比，组织净利润率提高 | | | | | |
| | OP$_3$ 与上一年比，组织市场份额占有率提高 | | | | | |
| | OP$_4$ 与上一年比，组织销售利润率提高 | | | | | |
| | OP$_5$ 与上一年比，组织投资回报率提高 | | | | | |
| | OP$_6$ 与同行业相比，本组织处于有利的竞争地位 | | | | | |
| | OP$_7$ 组织内部管理规范 | | | | | |
| | OP$_8$ 组织承诺兑现 | | | | | |
| | OP$_9$ 组织对客户的服务意识很强 | | | | | |
| | OP$_{10}$ 组织内部信息沟通与交流 | | | | | |
| | OP$_{11}$ 组织给员工提供职业技能培训机会 | | | | | |
| | OP$_{12}$ 组织内员工晋升机会 | | | | | |
| | OP$_{13}$ 组织对员工业绩的激励情况 | | | | | |

## 5.4　社会和谐劳动关系评价指标体系的构建

劳动关系是指劳动者与用人单位之间因劳动而引起的各种权利和义务关系，这些权利和义务均受劳动法律调整，可以表现为权利、合作、冲突、力量等关系①。这些关系均受劳动法律调整，既是法律关系又是管理关系。目前，学术界对和谐劳动关系的特征还没有形成共识，但有如下几种观点：

观点一，和谐劳动关系是"一种法制型、组织型、救助型、合同型、合作型、均衡型、民主型的劳动关系"②。

观点二，和谐劳动关系是一种劳资双方各种利益协调型的劳动关系，

---

① 程延园. 劳动关系 [M]. 北京：中国人民大学出版社，2011.
② 张安顺. 和谐劳动关系的基本特征 [J]. 中国工运，2005 (10)：34-35.

具有如下三个特征：一是劳资双方主体地位平等，二是劳资双方主体利益诉求协调，三是劳资双方主体间利益共赢①。

观点三，和谐劳动关系具有如下四个特征：一是以劳动合同为依据的劳动关系，劳资双方要通过劳动合同的签订约束彼此行为，实现劳动关系的长期稳定；二是劳资双方主体地位平等，主要体现在权利与义务方面的对等；三是有相互协调机制的劳动关系，主要强调企业组织要规范劳动用工制度，充分保障劳动者的合法劳动权益；四是劳资双方利益共赢的劳动关系，强调效率兼顾公平和劳动关系的和谐。

孟大虎（2016）通过研究认为："构建和谐劳动关系，本质上就是要构建资本和劳动之间均衡、对等和双赢的关系，这种劳资主体双方相互理解、彼此尊重、友好合作的劳动关系，会大量避免群体性和规模大的矛盾冲突事件发生，劳资双方和谐共处，既是和谐劳动关系的重要特征，也是判断劳动关系是否和谐的最直接的标准。"②

本书参考孟大虎的研究和上述第三种观点，确立了如下 9 个社会和谐劳动关系评价指标体系，其评价标准采用李克特五点计分评价法，分数越低表示满意程度越低、反之则越高，见表 5-17。

表 5-17　和谐劳动关系评价体系构建

| 目标层 | 要素层 | 满意程度（由最低到最高依次排列，分数从 1 分到 5 分） | | | |
|---|---|---|---|---|---|
| | | 非常不满意 | 不满意 | 一般 | 满意 |
| 和谐劳动关系衡量 | L$_1$ 因劳动强度引发的劳动争议处理情况 | | | | |
| | L$_2$ 因工作压力引发的劳动争议处理情况 | | | | |
| | L$_3$ 因组织人际关系引发的劳动争议处理情况 | | | | |
| | L$_4$ 因组织管理引发的劳动争议处理情况 | | | | |
| | L$_5$ 因社会保障引发的劳动争议处理情况 | | | | |
| | L$_6$ 因劳动合同引发的劳动争议处理情况 | | | | |
| | L$_7$ 因劳动环境引发的劳动争议处理情况 | | | | |
| | L$_8$ 因劳动条件引发的劳动争议处理情况 | | | | |
| | L$_9$ 因劳动报酬引发的劳动争议处理情况 | | | | |

---

① 陈晓强. 构建和谐的劳动关系 [J]. 群众，2007（9）：55-56.

② 孟大虎，苏丽锋，欧阳任飞. 中国和谐劳动关系指标体系构建及评价：1991—2014 [J]. 中国人力资源开发，2016（7）：74-82.

## 5.5  小结

本章首先梳理了国内外体面就业评价指标体系的相关文献，并从政府制度层面，宏观、中观、微观多层级层面，个体多维度层面三个层面做了体面就业评价指标体系文献综述；通过体面就业内涵所蕴含的基本理论和马斯洛需求层次理论耦合作为农民工体面就业评价指标体系构建的理论基础，结合农民工自身特征和就业特点，从理论视角遴选了 5 个维度、47 个评价因素；采用德尔菲法对从事人力资源管理的企业专家、从事劳动经济学或人力资源管理研究的学者进行两轮问卷调查，对理论遴选的指标体系进行隶属度和相关性分析，删除隶属度和相关性的 15 个指标，最终通过实证筛选形成了 5 个维度、32 个评价因素的指标体系；由于评价指标体系均属于定性指标，在确定各层次因素之间的权重时，通常不易被接受，研究主要采用一致矩阵的层次分析法对评价指标体系进行权重赋值；由于权重主要是表明各评价因素重要性的权数，本书根据确定好的指标权重对前 10 名评价因素进行排序及关系层对应发现，排名前三位的分别是劳动报酬、权益侵害和工作机会，说明农民工体面就业比较注重现实收入、权益侵害和工作机会，这三个评价因素均可以从宏观层面上反映政府职能及运行效率，事关农民工体面就业之本；排名第四、第五、第六、第七位的分别是组织人际关系、是否通过工会组织维权、劳动关系和收入公平，这四个评价因素说明要实现农民工群体体面就业必须加强企业组织的劳动用工制度建设。一方面，期望企业成立工会，通过工会争取农民工群体利益；另一方面，期望企业加强企业文化建设，建立良好的人际关系和公平的企业文化，让农民工群体对企业组织产生较强的归属感，从而提升组织绩效。排名第八、第九、第十位的分别是就医条件、工作—生活平衡和养老保险，这三个评价因素主要体现在农民工生活质量方面；同时，为了后续研究，本章还构建了农民工工作生活质量评价体系、组织绩效评价体系和社会和谐劳动关系评价体系。

# 6  问卷调查与数据统计分析

本书前面对农民工体面就业评价指标体系构建进行了理论遴选和实证筛选，并采用层次分析法对评价指标进行了权重赋值，同时在相关文献分析和理论探讨的基础上构建了员工工作生活质量、组织绩效与和谐劳动关系评价指标体系；本章将通过问卷调查并进行数据统计分析，拟将利用相关性分析和边际效应分析验证第四章提出的八个假设，并对统计数据进行同度量化处理，通过构建模型，计算出各种条件下农民工体面就业综合指数水平。

## 6.1  调查问卷与样本基本情况分析

### 6.1.1  问卷设计

本书为了满足实证研究需要共设计了两套问卷：第一套问卷调查对象主要是农民工，问卷内容包括被调查者基本情况、农民工体面就业评价问卷、农民工工作生活质量满意度评价问卷、和谐劳动关系满意度评价问卷四个部分；第二套问卷的调查对象是企业组织，问卷内容包括企业基本情况、农民工体面就业评价问卷、组织综合绩效满意度评价问卷、和谐劳动关系满意度评价问卷四个部分。问卷（一）和问卷（二）中的农民工就业评价问卷、农民工工作生活质量满意度评价问卷、和谐劳动关系满意度评价问卷和组织综合绩效满意度评价问卷均由第五章经过理论和实证筛选后的评价指标体系构建而成。

**农民工体面就业评价调查问卷（一）**

（调查对象：农民工）

本套问卷共设计了以下四个方面的内容：

第一部分，被调查对象的基本信息，包含被调查对象的年龄、性别、教育经历、劳动技能、打工年限、是否工会成员、所在城市、所在企业组织的体制（国有企业、民营企业、私营企业、外资企业）、该企业组织工作年限等。

第二部分，将前一章通过理论与实证筛选出来的农民工体面就业评价指标体系量表设计成问卷，让被调查对象根据自身实际情况在所属分数栏打钩。

第三部分，将第五章构建的农民工工作生活质量评价指标体系设计成问卷，让被调查对象根据自身实际情况在所属分数栏打钩。

第四部分，将第五章构建的评价社会与组织和谐劳动关系指标体系设计成问卷，让被调查对象根据自身实际情况在所属分数栏打钩。

具体问卷设计见附录。

**农民工体面就业评价调查问卷（二）**

（调查对象：企业组织）

本套问卷共设计了以下四个部分的内容：

第一部分，企业基本信息情况：企业所在城市、企业所有制形式、企业所在行业、企业是否雇佣农民工、企业规模、企业男女职工人数等。

第二部分，将前一章通过理论与实证筛选出来的农民工体面就业评价指标体系量表设计成问卷，让企业组织中高层管理人员代表企业组织根据本企业实际情况在所属分数栏打钩。

第三部分，将前一章通过文献分析和理论探讨梳理出来的组织综合绩效评价指标体系设计成问卷，让企业组织中高层管理人员代表企业组织根据本企业实际情况在所属分数栏打钩。

第四部分，将前一章通过文献分析和谐劳动关系内涵界定所构建的评价社会与组织和谐劳动关系指标体系设计成问卷，让企业组织中高层管理人员代表企业组织根据本企业实际情况在所属分数栏打钩。

具体问卷设计见附录。

### 6.1.2 样本容量分析

对于样本容量确定问题，学术界比较认同戈萨奇（Gorsuch，1983）的观点，认为样本容量主要受测量问题项的影响，测量问题项与受访者之间的比例最好保持在 1∶5 以上，较为理想的样本容量应该是测量问题项的 10~25 倍，本书的问题项最多 32 项，样本容量最好保持在 800 个以上，本课题组于 2015 年 7 月—2019 年 12 月在全国 3 大经济区域的 12 个具有代表意义的城市陆续进行了问卷调查，12 个城市分别是东部地区的广州、上海、北京和南京，中部地区的合肥、长沙、武汉和南昌，西北地区的成都、重庆、昆明和乌鲁木齐；其中涉及的农民工主要集中在建筑业、制造业、服务业和基础设施行业等，涉及的企业组织主要是中小型民营企业、小微企业等；调查地点主要选取各城市建筑工地、火车站、产业园区、环卫等农民工比较集中的地方，发放农民工问卷 6 000 份，回收问卷 5 764 份，回收率为 96.07%，有效问卷为 5 619 份，有效回收率为 93.65%；发放企业组织共计 51 家，有效问卷为 51 份，有效回收率为 100%，样本容量大小完全是符合研究要求的。

### 6.1.3　问卷调查的农民工基本信息统计分析

为了统计数据分布具有合理性，本书人为地选择了全国 3 大经济区域的 12 个具有代表意义的城市陆续进行问卷调查。东部城市发放问卷 2 000 份，回收问卷 1 917 份，回收率为 95.85%，有效问卷为 1 894 份，有效回收率为 94.70%；中部城市发放问卷 2 000 份，回收问卷 1 885 份，回收率为 94.25%，有效问卷为 1 842 份，有效回收率为 92.10%；西部城市发放问卷 2 000 份，回收问卷 1 962 份，回收率为 98.10%，有效问卷为 1 883 份，有效回收率为 94.15%。无效问卷均是填写错误或填写不完整导致的。由于课题组成员分布到全国 12 个城市对农民工进行问卷调查，则让调查人员在以上 12 个城市做农民工问卷调查的同时，分别再选择 4 家不同性质的企业，让企业组织中高层管理人员代表企业作答，其余 3 家企业则选择离成都较近的西安市，合计 51 家企业，发放问卷 51 份，回收率和有效回收率均为 100%。这样的选择主要考虑被调查者的代表性和普遍性，以及不同地域、不同企业组织的情况。

本书采用两套调查问卷：一套是专门针对农民工采用的问卷，另一套是专门针对企业组织采用的问卷。针对农民工采集的有效样本容量是 5 619 个，针对企业采集的样本容量为 51 个，所以在做基本信息统计时，根据被调查样本数据统计分析得知：首先，分析被调查农民工的基本信息，被调查农民工的性别差异不大，男性占 54.67%，女性占 45.33%；农民工年龄主要分布在 50 岁以下，占比为 86.17%；文化程度主要集中在初中和高中学历，占比为 91.08%；在本企业工作 2 年以下的占比为 32.96%，在本企业工作 2~5 年的占比为 62.54%；劳动技能主要集中在初级以下，占比为 89.67%；普通员工，占比为 94.82%；基本上都没有加入工会组织的，占比为 96.94，具体情况见表 6-1。其次，分析被调查企业组织的基本信息，现被人为选择的被调查企业全部都有雇佣农民工，占比 100%；企业组织规模主要考虑了问卷（一）中农民工自身所在企业组织规模人数，主要集中在 100 人以下企业，占比为 97.03%；企业组织属性主要属于民营和私有企业组织，占比为 97.23%；88.24% 的企业组织没有成立工会组织，具体见表 6-2。问卷中显示的农民工的基本信息和企业组织的基本信息与《2019 年农民工监测调查报告》中的统计数据较为一致，具有较好的代表性，与本书的主要研究对象——生存型农民工及就业组织特征基本相符；所有调查问卷在进行认真核查后进行编码并录入 Excel 表格，采用 SPSS20.0 统计软件对调查数据进行统计分析。

表 6-1　被调查农民工基本信息统计（样本容量 N=5 619）

|  | 统计变量 | 频数 | 频率/% |
|---|---|---|---|
| 性别 | 男 | 3 072 | 54.67 |
|  | 女 | 2 547 | 45.33 |
| 年龄 | 30 岁以下 | 1 504 | 26.76 |
|  | 31~40 岁 | 1 735 | 30.87 |
|  | 41~50 岁 | 1 629 | 28.99 |
|  | 50 岁以上 | 751 | 13.38 |
| 务工城市 | 东部城市 | 1 954 | 34.77 |
|  | 中部城市 | 1 839 | 32.73 |
|  | 西部城市 | 1 826 | 32.50 |
| 学历 | 小学以下文化 | 427 | 7.59 |
|  | 初中文化 | 4 362 | 77.63 |
|  | 高中文化 | 756 | 13.45 |
|  | 大学专科以上文化 | 74 | 1.32 |

表6-1(续)

| 统计变量 | | 频数 | 频率/% |
|---|---|---|---|
| 在现企业工作年限 | 2 年以下 | 1 852 | 32.96 |
| | 2~5 年 | 3 514 | 62.54 |
| | 5~10 年 | 217 | 3.86 |
| | 10 年以上 | 36 | 0.64 |
| 健康自评 | 健康 | 5 178 | 92.16 |
| | 亚健康 | 441 | 7.84 |
| 找工作途径 | 通过血缘、地缘、亲朋、同学、同事 | 5 091 | 90.61 |
| | 通过政府和企事业组织 | 528 | 9.39 |
| 人际关系满意程度 | 满意 | 1 082 | 19.27 |
| | 较满意 | 1 337 | 23.76 |
| | 一般 | 1 409 | 25.08 |
| | 较不满意 | 1 445 | 25.71 |
| | 很不满意 | 346 | 6.19 |
| 社会关系网络质量满意度 | 满意 | 271 | 4.82 |
| | 较满意 | 234 | 4.16 |
| | 一般 | 1 078 | 19.18 |
| | 较不满意 | 2 479 | 44.12 |
| | 很不满意 | 1 557 | 27.72 |
| 劳动技能 | 无劳动技能 | 3 892 | 69.26 |
| | 初级劳动技能 | 1 147 | 20.41 |
| | 中级劳动技能水平 | 401 | 7.14 |
| | 高级以下技能水平 | 179 | 3.19 |
| 从事职业 | 技术人员 | 37 | 0.66 |
| | 基层管理人员 | 241 | 4.29 |
| | 中高层管理人员 | 13 | 0.23 |
| | 普通员工 | 5 328 | 94.82 |

表6-1(续)

| 统计变量 | | 频数 | 频率/% |
|---|---|---|---|
| 流动次数 | 1~2 次 | 977 | 17.39 |
| | 3~5 次 | 1 986 | 35.34 |
| | 5 次以上 | 2 656 | 47.27 |
| 工会会员 | 是 | 611 | 10.87 |
| | 否 | 5 008 | 89.13 |

表 6-2  企业组织基本信息统计（部分统计数据结合问卷一和二，各项样本容量不同）

| 统计变量 | | 频数 | 频率/% |
|---|---|---|---|
| 组织是否雇佣农民工（N=51） | 是 | 51 | 100 |
| | 否 | 0 | 0.00 |
| 组织规模（N=5 619+51＝5 670） | 50 人以下 | 4 416 | 77.88 |
| | 50~100 人 | 1 081 | 19.15 |
| | 100~500 人 | 149 | 2.63 |
| | 500 人以上 | 19 | 0.34 |
| 组织属性（N=5 619+51＝5 670） | 国有企业 | 64 | 1.13 |
| | 外资企业 | 93 | 1.64 |
| | 民营企业 | 1 546 | 27.27 |
| | 私有企业 | 3 967 | 69.96 |
| 组织所属行业（N=5 619+51＝5 670） | 劳动密集型（包括农林牧渔、采矿业、建筑业、制造业、批发和零售业、住宿和餐饮、居民服务及其他服务业） | 5 568 | 98.20 |
| | 技术密集型（科学研究、技术服务、地质勘查业、文化、体育和娱乐业） | 37 | 0.65 |
| | 资金密集型（金融业） | 65 | 1.15 |
| 组织是否成立工会（N=51） | 是 | 6 | 11.76 |
| | 否 | 45 | 88.24 |

## 6.2 调查问卷的信度与效度检验

### 6.2.1 信度检验

信度检验通过一致性检验和稳定性检验来衡量问卷的可信程度。一致性检验是指不同的被调查样本在接受因素相同的问卷测试后，各种因素的评价结果显示出较强的正相关性；稳定性检验是指被调查样本在不同时间、地点情况下接受因素相同的问卷测试后，结果差异很小。检验得到的信度越高，说明调查结果越可靠。目前，社会科学研究通常使用Cronbach's alpha 系数作为信度检验方法。吴宗正等（2000）通过研究得出，当 Cronbach's alpha 系数>0.4 时，表示该问卷结果可信；当 Cronbach's alpha 系数>0.5 时，表示该问卷结果很可信①。

本书选取了农民工体面就业评价指标中的生存就业、安全就业、平等就业、有尊严就业和自我实现就业五个维度进行信度检验，因为这五个维度下各评价因素的衡量方式是一致性的，很适合使用 Cronbach's alpha 系数进行检验。本书使用 SPSS20.0 统计软件进行统计计算，生存就业包含的评价因素的 Cronbach's alpha 系数为 0.714，安全就业包含的评价因素的 Cronbach's alpha 系数为 0.672，平等就业包含的评价因素的 Cronbach's alpha 系数为 0.659，有尊严就业包含的评价因素的 Cronbach's alpha 系数为 0.693，自我实现就业包含的评价因素的 Cronbach's alpha 系数为 0.685，每个维度的 Cronbach's alpha 系数>0.6，即具有很好的可信度。具体见表 6-3。

表 6-3　农民工体面就业评价指标体系的 Cronbach's alpha 系数

| 维度 | Cronbach's alpha 系数 |
| --- | --- |
| 生存就业 | 0.714 |
| 安全就业 | 0.672 |
| 平等就业 | 0.659 |

---

① 吴宗正，吴育东，LISREL 模式应用于行动电话消费者满意度之研究［D］. 台南："国立"成功大学统计研究所，2000.

表6-3(续)

| 维度 | Cronbach's alpha 系数 |
|---|---|
| 有尊严就业 | 0.693 |
| 自我实现就业 | 0.685 |

### 6.2.2　效度检验

　　效度检验是衡量被测问卷有效程度的一种方法。本书主要研究农民工体面就业评价及相关问题，因此问卷测评结果必须能客观反映农民工体面就业的现状及相关影响因素的作用机理。本书通过对测评指标体系进行理论遴选和实证筛选后构建，汇总了各位专家学者的意见和建议，进行了反复修订，在正式开展问卷调查之前做过小范围测试和个别访谈，其重测信度为0.681。据此，本书所采用的问卷具有一定的效度。

## 6.3　农民工体面就业指数测算

### 6.3.1　评价因素的同度量化处理

　　调查问卷（一）和调查问卷（二）的每个评价因素量纲及量纲单位各不相同，有的评价因素指标数值越大越好，有的评价因素指标数值越小越好，不同量纲不能对评价因素与维度进行直接比较和综合评价，因而在做后续的各种数据统计分析之前需对搜集到的数据进行同度量化处理。本书将采用下列结构方程对每个评价因素进行百分数同度量化处理：

$$Q_{ij} = \frac{C_{ij}}{\max\{C_{ij}\}} \times 100$$

式中：$Q_{ij}$ 为转换后的第 $i$ 个样本第 $j$ 个评价因素的同度化值；

　　　$C_{ij}$ 为转换前的第 $i$ 个样本第 $j$ 个评价因素的数据；

　　　$\max\{C_{ij}\}$ 为转换前的第 $i$ 个样本第 $j$ 个评价因素的最大值。

　　通过该结构方程对5 619个样本数据进行了正向化和标准化转换，转换后的所有评价因素值均为百分制，具有统一的量纲，最小值为0，最大值为100。所有评价因素指标值均在0~100之间变动，转换后的值完全满足做直接比较和综合评价的数据需求。

### 6.3.2 农民工体面就业评价结构模型的构建

根据第五章对农民工体面就业指标体系进行层次分析所得的各因素权重赋值，结合各评价因素的同度化数值，可以计算出每个样本的体面就业指数得分。构建评价模型可以综合评判农民工体面就业指数的情况。

经过综合评判计算，构建如下模型：

$$V_i = \sum_{j=1}^{5} WB_j \times B_{ij} = \sum_{j=1}^{32} WC_j \times Q_{ij}$$

利用评价因素的同度量化数值，根据第五章计算出来的权重和上述模型，计算农民工体面就业指数：

$V_1 = 0.0610 \times Q_{11} + 0.0657 \times Q_{12} + 0.0145 \times Q_{13} + 0.0215 \times Q_{14} +$
$\quad 0.0325 \times Q_{15} + 0.0209 \times Q_{16} + 0.0269 \times Q_{17} + 0.0263 \times Q_{18} +$
$\quad 0.0397 \times Q_{19} + 0.0420 \times Q_{110} + 0.0285 \times Q_{111} + 0.0335 \times Q_{112} +$
$\quad 0.0389 \times Q_{113} + 0.0359 \times Q_{114} + 0.0174 \times Q_{115} + 0.0174 \times Q_{116} +$
$\quad 0.0174 \times Q_{117} + 0.0122 \times Q_{118} + 0.0412 \times Q_{119} + 0.0346 \times Q_{120} +$
$\quad 0.0196 \times Q_{121} + 0.0293 \times Q_{122} + 0.0148 \times Q_{123} + 0.0499 \times Q_{124} +$
$\quad 0.0613 \times Q_{125} + 0.0223 \times Q_{126} + 0.439 \times Q_{127} + 0.0214 \times Q_{128} +$
$\quad 0.0392 \times Q_{129} + 0.0334 \times Q_{130} + 0.0166 \times Q_{131} + 0.0203 \times Q_{132}$

$V_2 = 0.0610 \times Q_{21} + 0.0657 \times Q_{22} + 0.0145 \times Q_{23} + 0.0215 \times Q_{24} +$
$\quad 0.0325 \times Q_{25} + 0.0209 \times Q_{26} + 0.0269 \times Q_{27} + 0.0263 \times Q_{28} +$
$\quad 0.0397 \times Q_{29} + 0.0420 \times Q_{210} + 0.0285 \times Q_{211} + 0.0335 \times Q_{212} +$
$\quad 0.0389 \times Q_{213} + 0.0359 \times Q_{214} + 0.0174 \times Q_{215} + 0.0174 \times Q_{216} +$
$\quad 0.0174 \times Q_{217} + 0.0122 \times Q_{218} + 0.0412 \times Q_{219} + 0.0346 \times Q_{220} +$
$\quad 0.0196 \times Q_{221} + 0.0293 \times Q_{222} + 0.0148 \times Q_{223} + 0.0499 \times Q_{224} +$
$\quad 0.0613 \times Q_{225} + 0.0223 \times Q_{226} + 0.439 \times Q_{227} + 0.0214 \times Q_{228} +$
$\quad 0.0392 \times Q_{229} + 0.0334 \times Q_{230} + 0.0166 \times Q_{231} + 0.0203 \times Q_{232}$

······

$V_i = 0.0610 \times Q_{i1} + 0.0657 \times Q_{i2} + 0.0145 \times Q_{i3} + 0.0215 \times Q_{i4} +$
$\quad 0.0325 \times Q_{i5} + 0.0209 \times Q_{i6} + 0.0269 \times Q_{i7} + 0.0263 \times Q_{i8} +$
$\quad 0.0397 \times Q_{i9} + 0.0420 \times Q_{i10} + 0.0285 \times Q_{i11} + 0.0335 \times Q_{i12} +$
$\quad 0.0389 \times Q_{i13} + 0.0359 \times Q_{i14} + 0.0174 \times Q_{i15} + 0.0174 \times Q_{i16} +$

$$0.017\ 4 \times Q_{i17} + 0.012\ 2 \times Q_{i18} + 0.041\ 2 \times Q_{i19} + 0.034\ 6 \times Q_{i20} +$$
$$0.019\ 6 \times Q_{i21} + 0.029\ 3 \times Q_{i22} + 0.014\ 8 \times Q_{i23} + 0.049\ 9 \times Q_{i24} +$$
$$0.061\ 3 \times Q_{i25} + 0.022\ 3 \times Q_{i26} + 0.439 \times Q_{i27} + 0.021\ 4 \times Q_{i28} +$$
$$0.039\ 2 \times Q_{i29} + 0.033\ 4 \times Q_{i30} + 0.016\ 6 \times Q_{i31} + 0.020\ 3 \times Q_{i32}$$

### 6.3.3 农民工体面就业综合指数水平的计算

本课题组于 2015 年 7 月—2019 年 12 月对全国 3 大经济区域的 12 个具有代表意义的城市进行了问卷调查。根据调查问卷统计数据计算每个样本农民工体面就业指数得分，最后计算出农民工体面就业综合指数水平。

第一，从总体角度统计分析，农民工体面就业综合指数水平为 68.12；从性别角度统计分析，女性农民工体面就业综合指数水平低于男性农民工体面就业综合指数水平。这也符合客观现实。大量实证研究表明，受传统思想和用人单位性别歧视等因素的影响，女性农民工的体面就业实现程度明显低于男性，见表 6-4。

表 6-4  不同性别农民工体面就业综合指数水平状况

| 性别 | 样本/个 | 比例/% | 体面就业指数均值 |
|---|---|---|---|
| 男 | 3 162 | 54.67 | 73.93 |
| 女 | 2 457 | 45.33 | 60.64 |
| 总体 | 5 619 | 100 | 68.12 |

第二，从年龄角度统计分析，50 岁以下农民工体面就业综合指数水平状况较好；50 岁以上农民工体面就业综合指数水平为 47.46，状况堪忧。随着农民工年龄的增长，大部分从事体力劳动的农民工会出现体力不佳，导致农民工体面就业指数明显下降的状况，见表 6-5。

表 6-5  不同年龄组农民工体面就业综合指数水平状况

| 年龄 | 样本/个 | 比例/% | 体面就业指数均值 |
|---|---|---|---|
| 30 岁以下 | 1 504 | 26.76 | 69.15 |
| 31~40 岁 | 1 735 | 30.87 | 71.36 |
| 41~50 岁 | 1 629 | 28.99 | 73.24 |
| 50 岁以上 | 751 | 13.38 | 47.46 |
| 合计 | 5 619 | 100 | 68.12 |

第三，从学历角度统计分析，高中以上学历的农民工体面就业综合指数水平较高，初中学历的农民工体面就业综合指数水平低于总体水平，小学以下学历的农民工体面就业综合指数水平不及格，高中学历（包括职高、中专）的农民工体面就业指数均值稍微高于大专以上学历。要从访谈资料中找到原因，小学以下学历的农民工基本上都从事保安和保洁方面的体力劳动，低学历导致低技能、低收入和低稳定的工作，从而导致低体面就业指数。高中学历（包括职高和中专）的劳动者掌握的劳动技能比纯粹懂理论知识而缺乏实际操作能力的大专以上农民工的能力要强导致其工资收入水平高，这与我国目前的现实状况相符，见表6-6。

表6-6　不同学历农民工体面就业综合指数水平状况

| 学历 | 样本/个 | 比例/% | 体面就业指数均值 |
| --- | --- | --- | --- |
| 小学以下文化 | 427 | 7.59 | 57.03 |
| 初中文化 | 4 362 | 77.63 | 67.94 |
| 高中文化 | 756 | 13.45 | 74.15 |
| 大学专科以上文化 | 74 | 1.33 | 81.12 |
| 合计 | 5 619 | 100 | 68.12 |

第四，从在企业工作年限角度统计分析，农民工体面就业综合指数水平随在企业组织工作年限的增长而提高，且5年以上工作年限农民工体面就业指数均值明显较高。这主要基于以下两个事实：一是农民工自身素质较好，企业愿意付出代价留住他们；二是企业本身具有承担社会责任的能力，农民工才有意愿长期付出。这两者良性循环，导致农民工体面就业综合指数水平与所待年限成正比，见表6-7。

表6-7　不同企业组织工作年限的农民工体面就业综合指数水平状况

| 在企业工作年限 | 样本/个 | 比例/% | 体面就业指数均值 |
| --- | --- | --- | --- |
| 2年以下 | 1 852 | 32.96 | 63.61 |
| 2~5年 | 3 514 | 62.54 | 69.67 |
| 5~10年 | 217 | 3.86 | 79.33 |
| 10年以上 | 36 | 0.64 | 81.47 |

第五，从所从事的职业角度统计分析，农民工体面就业指数均值从高到低排序为中高层管理人员、技术人员、基层管理人员、普通员工。从调查样本看，94.82%的农民工是普通员工。其原因是这部分普通员工仅具有一定的劳动技能，其职业地位较低。其具体情况见表6-8。

表6-8　不同职位农民工体面就业综合指数水平状况

| 从事职业 | 样本/个 | 比例/% | 体面就业指数均值 |
|---|---|---|---|
| 技术人员 | 37 | 0.66 | 83.47 |
| 基层管理人员 | 241 | 4.29 | 80.59 |
| 中高层管理人员 | 13 | 0.23 | 90.62 |
| 普通员工 | 5 328 | 94.82 | 67.39 |

第六，从不同经济区域角度统计分析，东部地区农民工体面就业综合指数水平的得分明显高于中西部地区，而中部地区农民工体面就业综合指数水平的得分又明显高于西部地区。其原因是西部地区如成都、重庆、昆明等地的经济状况明显低于东中部地区城市，见表6-9。

表6-9　东、中、西部城市农民工体面就业综合指数水平状况

| 东部城市 | 城市均值 | 地区均值 | 中部城市 | 城市均值 | 地区均值 | 西部城市 | 城市均值 | 地区均值 |
|---|---|---|---|---|---|---|---|---|
| 深圳 | 79.34 | | 合肥 | 64.25 | | 成都 | 67.32 | |
| 北京 | 78.06 | 77.33 | 长沙 | 68.47 | 67.81 | 重庆 | 65.96 | 62.17 |
| 上海 | 79.12 | | 武汉 | 71.29 | | 昆明 | 61.75 | |
| 南京 | 72.81 | | 南昌 | 66.65 | | 乌鲁木齐 | 60.68 | |
| 合计 | | | N＝5 619 | | | 68.12 | | |

第七，从劳动技能角度统计分析，劳动技能分为初级、中级、高级和无劳动技能四个等级。数据统计结果表明，近七成农民工没有劳动技能，劳动技能水平与农民工体面就业综合指数水平呈正向影响关系。一方面大部分农民工主要从事的是没有任何技术含量的简单体力劳动，另一方面大部分农民工没有意识或意愿进行体力劳动职业技能鉴定，见表6-10。

表 6-10    不同劳动技能农民工体面就业综合指数水平状况

| 劳动技能 | 样本/个 | 比例/% | 体面就业指数均值 |
|---|---|---|---|
| 无劳动技能 | 3 892 | 69.26 | 65.42 |
| 初级劳动技能 | 1 147 | 20.41 | 72.13 |
| 中级劳动技能 | 401 | 7.14 | 76.97 |
| 高级劳动技能 | 179 | 3.19 | 81.25 |
| 合计 | 5 619 | 100 | 73.94 |

第八,从性别与流动次数合并统计分析,女性农民工体面就业综合指数水平明显低于男性;从农民工流动次数角度分析,农民工体面就业综合指数水平与流动次数呈倒"U"形关系,无论是男性还是女性,流动过 1~2 次的农民工体面就业指数均值都低于流动过 3~5 次的农民工体面就业指数均值,但流动到 5 次以上的农民工体面就业指数水平会下降到最低。这一论证事实与劳动力流动可以增加人力资本的投资理论相符,但劳动力长期处于流动状况,属于劳动力就业不稳定状况,见表 6-11。

表 6-11    不同性别农民工流动次数与体面就业指数均值状况

| 流动次数 | 女性 | | 男性 | |
|---|---|---|---|---|
| | N = 2 457 | 指数均值 | N = 3 162 | 指数均值 |
| 1~2 次 | 259 | 64.34 | 718 | 73.15 |
| 3~5 次 | 927 | 68.21 | 1 059 | 78.09 |
| 5 次以上 | 1 271 | 60.12 | 1 385 | 65.87 |
| 总体 | N = 5 619 | | 68.12 | |

第九,从工会会员身份角度统计分析,89.13%的农民工没有加入工会,但加入工会组织的农民工体面就业综合指数水平明显高于没有加入工会组织的农民工体面就业综合指数水平。究其原因,主要是大部分农民工所在的小型民营企业、私营企业、工商个体户根本没有能力成立工会组织,而能成立工会组织的企业基本上都是条件较好的大中型民营企业或国有企业。其具体情况见表 6-12。

表 6-12　是否具有工会会员身份的农民工体面就业综合指数水平状况

| 是否具有工会会员身份 | 样本/个 | 比例/% | 体面就业指数均值 |
|---|---|---|---|
| 是 | 611 | 10.87 | 83.73 |
| 否 | 5 008 | 89.13 | 66.22 |

## 6.4　农民工体面就业的描述性统计分析

本书采用 SPSS20.0 统计软件对农民工体面就业进行描述性统计，具体数据见表 6-13。

表 6-13　农民工体面就业综合指数水平的描述性统计及相关系数分析（N=5 619）

| 评价因素 | 权重 | 均值 | 标准差 | 体面就业指数 | 生存就业 | 安全就业 | 公平就业 | 有尊严就业 | 自我实现就业 |
|---|---|---|---|---|---|---|---|---|---|
| 体面就业指数 | 1 | 68.12 | 3.223 | 1 | | | | | |
| 生存就业 | 0.309 1 | 57.01 | 2.891 | 0.754** | 1 | | | | |
| 安全就业 | 0.243 2 | 61.54 | 3.613 | 0.603* | 0.579** | 1 | | | |
| 公平就业 | 0.124 7 | 69.98 | 3.108 | 0.625** | 0.342** | 0.531** | 1 | | |
| 有尊严就业 | 0.213 5 | 68.46 | 2.892 | 0.667** | 0.125* | 0.395** | 0.504** | 1 | |
| 自我实现就业 | 0.109 5 | 63.67 | 2.071 | 0.731** | 0.341* | 0.381* | 0.125** | 0.563** | 1 |

注：** 表示 Sig.（P）<0.01（双尾），* 表示 Sig.（P）<0.05（单尾）。

根据表 6-13 中的统计数据分析，可以得出以下两个结论：

### 6.4.1　农民工体面就业与各维度之间存在显著的正相关关系

农民工体面就业包含生存就业、安全就业、公平就业、有尊严就业和自我实现就业五个维度，农民工体面就业指数与各维度之间的最小相关系数为 0.603，该系数在 Sig.（P）<0.05（单尾）水平上显著，其他各维度系数均在 Sig.（P）<0.01（双尾）水平上显著，表明农民工体面就业与各维度之间存在显著的正向相关关系；而且农民工体面就业与各维度之间的最小相关系数 0.603 大于各维度之间的最大相关系数 0.579，表明农民工体面就业与各维度之间存在较好的聚敛效度和鉴别效度。

### 6.4.2  农民工体面就业整体水平堪忧

农民工体面就业整体指数均值为 68.12，各维度指数均值得分分别为：生存就业得分 57.01 分，安全就业得分 61.54 分，公平就业得分 69.98 分，有尊严就业得分 68.46 分，自我实现就业 63.67 分。从数据上看，农民工体面就业整体水平堪忧，尤其是生存就业和安全就业两个关系农民工生存的指标。究其原因，主要是农民工整体收入水平较低、就业机会不充分、住宿费用几乎是由自己承担和农民工的社会保障水平较低。

## 6.5  农民工体面就业影响因素实证分析

### 6.5.1  个体因素对农民工体面就业影响的相关性分析

#### 6.5.1.1  人力资本与农民工体面就业的相关性分析

本书采用 SPSS20.0 统计软件对 5 619 份调查问卷所获数据进行了相关性分析。以体面就业指数均值为因变量，劳动技能、打工经历、文化程度和健康自评作为自变量，将年龄、性别、务工年限设置为控制变量。其统计结果表明：劳动技能与体面就业指数的相伴概率 Sig.（P）为 0.001，文化程度与体面就业指数的相伴概率 Sig.（P）为 0.000，在现企业工作年限与体面就业指数的相伴概率 Sig.（P）为 0.021。即农民工体面就业指数与劳动技能、文化程度和在现企业工作年限呈显著相关关系。劳动技能对体面就业指数的影响最为显著，文化程度和在现企业工作年限与体面就业指数呈显著正相关，健康自评与体面就业指数之间不相关。基于此，本书在第四章提出的假设 1a：人力资本因素对其体面就业实现程度有影响得到验证。其具体情况见 6-14。

表 6-14  人力资本各因素与农民工体面就业指数相关性分析

|  | 体面就业指数 | 劳动技能 | 文化程度 | 打工经历 | 健康自评 |
|---|---|---|---|---|---|
| 体面就业指数 | 1.000 | | | | |
| 劳动技能 | 0.172** | 1.000 | | | |
| 文化程度 | 0.169** | 0.149** | 1.000 | | |

表6-14(续)

|  | 体面就业指数 | 劳动技能 | 文化程度 | 打工经历 | 健康自评 |
|---|---|---|---|---|---|
| 在现企业工作年限 | 0.105* | 0.213** | 0.216** | 1.000 |  |
| 健康自评 | 0.057 | -0.002 | 0.017 | -0.010 | 1.000 |

注: ** 表示 Sig.（P）<0.01（双尾），* 表示 Sig.（P）<0.05（单尾）。

6.5.1.2 社会资本与农民工体面就业的相关性分析

本书将农民工体面就业指数作为因变量，农民工的强关系型社会资本、弱关系型社会资本、社会关系网络质量、人际关系满意度等作为自变量，把性别、年龄、劳动技能、文化程度、务工经历和受教育年限等作为控制变量，对问卷搜集到的数据进行偏相关分析。统计结果表明：农民工体面就业指数与强关系型社会资本、弱关系型社会资本与社会关系网络质量呈正向相关关系，三者的 Sig.（P）均为 0.000，小于显著性水平 0.005，其中对体面就业指数影响最大的是社会关系网络质量，其次是弱关系型社会资本。在现实生活中，农民工的社会关系网络都是基于强关系型社会资本建立，这种强关系型社会资本具有较高的同质性，提供的就业信息具有价值低和重复性高的特点，所构建的社会关系网络质量很差；而依靠政府企事业组织或成员提供的信息价值高，可以减少农民工的职业搜寻时间和风险，提供更高质量的工作机会。基于此，本书在第四章提出的假设 1b：社会资本因素对体面就业实现程度有影响得到验证。其具体情况见表 6-15。

表 6-15　社会资本与农民工体面就业指数相关性分析

|  | 体面就业指数 | 强关系型社会资本 | 弱关系型社会资本 | 人际关系满意度 | 社会关系网络质量满意度 |
|---|---|---|---|---|---|
| 体面就业指数 | 1.000 |  |  |  |  |
| 强关系型社会资本 | 0.008* | 1.000 |  |  |  |
| 弱关系型社会资本 | 0.189** | -0.013 | 1.000 |  |  |
| 人际关系满意度 | 0.005 | 0.011* | 0.132** | 1.000 |  |
| 社会关系网络质量满意度 | 0.274** | 0.172** | 0.203** | 0.109** | 1.000 |

注: ** 表示 Sig.（P）<0.01（双尾），* 表示 Sig.（P）<0.05（单尾）。

综合上述实证研究，农民工人力资本所包含的劳动技能、文化程度、在现企业工作经历等与体面就业指数呈正相关关系，社会资本所包含的强关系型社会资本、弱关系型社会资本和社会关系网络质量与体面就业指数呈正相关关系。基于此，本书在第四章提出的假设 1：农民工个体特征因素对其体面就业实现程度有影响得到验证。

### 6.5.2 组织因素对农民工体面就业影响的方差分析

农民工群体就业分散在不同的劳动组织，由于组织所有制、组织所属行业和组织规模等组织因素差别，其劳动者的工作条件、工作环境、劳动收入、就业机会、公平待遇、受尊重和自我实现程度都有所差异。

6.5.2.1 不同组织所有制因素对农民工体面就业指数的影响

从表 6-16 可以看出，一是体面就业及各维度指标的 T 值均大于 2 和 Sig.（P）均小于 0.005，这表明不同所有制组织的农民工体面就业及各维度存在显著差异；二是不同所有制组织的农民工体面就业综合指数水平存在很大差别，外资企业和国有企业明显高于民营和私有企业，尤其是私有企业农民工在体面就业方面存在很大问题，其均值小于综合体面就业指数。

表 6-16　组织因素与农民工体面就业的方差分析（N=5 619+51=5 670）

| 因素 | 均值 | 组织属性 | | | | 独立样本 T 检验 | |
|---|---|---|---|---|---|---|---|
| | | 国有企业 | 外资企业 | 民营企业 | 私有企业 | T | Sig. |
| 体面就业指数 | M | 76.31 | 79.20 | 75.47 | 64.86 | 2.87 | 0.009** |
| 生存就业 | M | 77.85 | 80.03 | 76.45 | 69.44 | 2.08 | 0.032* |
| 安全就业 | M | 81.09 | 78.24 | 75.19 | 67.81 | 2.33 | 0.041* |
| 公平就业 | M | 75.41 | 79.70 | 73.16 | 61.19 | 3.01 | 0.002** |
| 有尊严就业 | M | 70.01 | 80.21 | 74.23 | 64.53 | 2.06 | 0.000** |
| 自我实现就业 | M | 72.17 | 83.34 | 72.11 | 62.26 | 2.81 | 0.000** |

注：** 表示 Sig.（P）<0.01（双尾），* 表示 Sig.（P）<0.05（单尾）。

6.5.2.2 组织所属行业对农民工体面就业的影响

从表 6-17 可以看出，一是体面就业指数及各维度因素的 T 值均大于 2 和 Sig.（P）均小于 0.005，这表明不同行业组织的农民工体面就业各维度存在显著差异；二是不同行业组织的农民工体面就业综合指数水平存在很大差别，资金密集型组织和技术密集型组织农民工体面就业指数明显高于劳动密集型企业。由此可见，大部分农民工体面就业水平较低。

表 6-17 组织所属行业与农民工体面就业的方差分析（N=5 619+51=5 670）

| 因素 | 均值 | 不同行业组织 | | | 独立样本 T 检验 | |
|------|------|------------|------------|------------|------|------|
| | | 劳动密集型组织 | 技术密集型组织 | 资金密集型组织 | T | Sig. |
| 体面就业指数 | M | 67.93 | 82.21 | 76.05 | 2.13 | 0.000** |
| 生存就业 | M | 71.67 | 85.31 | 79.45 | 2.95 | 0.024* |
| 安全就业 | M | 68.09 | 83.40 | 77.03 | 2.27 | 0.015* |
| 公平就业 | M | 65.14 | 79.95 | 76.45 | 3.02 | 0.046* |
| 有尊严就业 | M | 64.79 | 80.17 | 74.18 | 2.64 | 0.011* |
| 自我实现就业 | M | 63.24 | 83.06 | 75.22 | 2.90 | 0.000** |

注：** 表示 Sig.（P）<0.01（双尾），* 表示 Sig.（P）<0.05（单尾）。

综合上述实证研究，本书在第四章提出的假设2：组织因素对农民工体面就业指数有影响得到验证。

### 6.5.3 地域经济因素对农民工体面就业影响的方差分析

由于我国特殊的社会经济体制，改革开放次序安排使得我国东部、中部和西部经济发展差异很大，经济发展地区的企业组织劳动用工制度比经济落后地区成熟。

从表6-18可以看出，一是农民工体面就业指数及各维度的体面就业及各维度指标的 T 值均大于2和 Sig.（P）均小于0.005，表明地域经济发展水平对农民工体面就业指数有显著的正向影响关系，不同地域的农民工体面就业各维度均值存在显著差异；二是不同地域的农民工体面就业指数差别很大，东部和中部地区的农民工体面就业指数明显大于西部地区。究其原因，主要是西部地区经济较落后，尤其是新疆、陕西、云南、贵州等地区。基于此，本书在第四章提出的假设3：地域经济水平对农民工体面就业有影响得到验证。其具体情况见表6-18。

表 6-18　地域经济因素与农民工体面就业指数方差分析（N = 5 619+51 = 5 670）

| 因素 | 均值 | 地域经济因素 | | | 独立样本 T 检验 | |
| --- | --- | --- | --- | --- | --- | --- |
| | | 东部城市 | 中部城市 | 西部城市 | T | Sig. |
| 体面就业指数 | M | 77.33 | 69.25 | 57.12 | 2.97 | 0.002 ** |
| 生存就业 | M | 81.44 | 71.28 | 62.47 | 2.09 | 0.000 ** |
| 安全就业 | M | 80.71 | 70.12 | 61.13 | 3.18 | 0.042 * |
| 公平就业 | M | 75.08 | 68.83 | 54.51 | 2.41 | 0.037 * |
| 有尊严就业 | M | 74.56 | 68.01 | 56.09 | 2.34 | 0.007 ** |
| 自我实现就业 | M | 72.11 | 64.53 | 57.62 | 2.65 | 0.016 * |

注：** 表示 Sig.（P）<0.01（双尾），* 表示 Sig.（P）<0.05（单尾）。

### 6.5.4　工会会员身份对农民工体面就业影响的方差分析

工会会员身份意味着劳动者在劳动权益维护方面有组织支持，工会组织代表劳动者反映利益诉求，把劳动者的个体维权转变为集体维权，以降低其维权成本。

从表 6-19 可以看出，一是农民工体面就业指数的 T 值大于 2，Sig.（P）为 0.004，小于 0.01 的双尾检测，表明是否工会会员对农民工体面就业有显著的正向影响关系；二是农民工体面就业各维度指标，包括生存就业、安全就业、公平就业、有尊严就业和自我实现就业的 T 值都大于 2 和 Sig.（P）均小于 0.05，表明是否工会会员身份对农民工体面就业各维度均有显著影响；三是是否工会会员身份对农民工体面就业的影响程度而言，是工会会员身份的农民工体面就业指数均值明显大于非工会会员身份的体面就业指数均值。基于此，本书第四章提出的假设 4：工会会员身份对农民工体面就业有显著的正向影响得到验证。

表 6-19　工会会员身份与农民工体面就业方差分析（N = 5 619+51 = 5 670）

| 体面就业指数 | 均值 | 是否具有会员身份 | | 独立样本 T 检验 | |
| --- | --- | --- | --- | --- | --- |
| | | 是 | 否 | T | Sig. |
| 生存就业 | M | 90.64 | 68.05 | 3.82 | 0.004 ** |
| 安全就业 | M | 92.41 | 71.34 | 2.11 | 0.035 * |
| 公平就业 | M | 91.86 | 70.25 | 2.13 | 0.029 * |

表6-19(续)

| 体面就业指数 | 均值 | 是否具有会员身份 | | 独立样本T检验 | |
|---|---|---|---|---|---|
| | | 是 | 否 | T | Sig. |
| 有尊严就业 | M | 87. 10 | 68. 77 | 2. 24 | 0. 004 ** |
| 自我实现就业 | M | 89. 11 | 65. 18 | 2. 06 | 0. 039 * |
| 体面就业指数 | M | 88. 79 | 65. 59 | 2. 14 | 0. 041 * |

注: ** 表示 Sig. (P) <0.01 (双尾), * 表示 Sig. (P) <0.05 (单尾)。

### 6.5.5 政府职能与运行效率对农民工体面就业影响的边际效应分析

以利润最大化为目标的企业组织自身不会积极主动地为农民工体面就业实现承担社会责任和提供组织支持, 政府作为劳资双方以外的第三方组织, 对企业组织的劳动用工制度进行协调与监督非常必要, 从而提高了农民工体面就业水平。政府职能与运行效率在劳动力市场方面主要表现为劳动立法、协调与监督企业组织的劳动用工制度, 从而实现农民工体面就业。

为了验证第三方行为主体政府职能与运行效率对农民工体面就业的实践影响, 本书将采用边际效应分析来具体证明。在实际生活中, 许多企业尤其是农民工主要集中的小微企业和个体工商户根本不愿积极实施政府推行的有关劳动法律法规和政策条例等。对于生活在城市社会底层的弱势群体农民工来说, 大部分企业组织不愿或没有能力承担对其权益保障带来的成本。本书将政府的相关劳动立法设置成控制变量, 比较企业组织在遵守和不遵守相关劳动法规的情况下其他因素对农民工体面就业的边际效应, 从而充分证明政府职能与运行效率对体面就业的影响。

#### 6.5.5.1 生存就业支持的边际效应分析

在生存就业方面, 劳动者最为关注的是劳动报酬, 而劳动报酬维度中劳动加班这一指标有《中华人民共和国劳动法》(以下简称《劳动法》) 提供的相关立法支持。《劳动法》第四十四条规定: "有下列情形之一的, 用人单位应当按照下列标准支付高于劳动者正常工作时间工资的工资报酬: (一) 安排劳动者延长工作时间的, 支付不低于工资的百分之一百五十的工资报酬; (二) 休息日安排劳动者工作又不能安排补休的, 支付不低于工资的百分之二百的工资报酬; (三) 法定休假日安排劳动者工作的, 支付不低于工资的百分之三百的工资报酬。"这充分体现了政府对广大劳动者提供的劳动报酬方面的就业保障支持。本书将加班工资支付满意度作为控制变量，分析劳动报酬对农民工体面就业指数的边际效应。

从表6-20中可以看出，所有的加班工资支付满意度边际效应结果均在Sig.（P）<0.05水平下显著。即随着加班工资支付满意度等级的上升，劳动报酬的边际效应呈正向增加，说明加班工资支付满意度所代表的劳动报酬支持对农民工体面就业起正向影响作用。

表6-20　生存就业影响的边际效应分析

| 自变量 | 控制变量 | 变量取值 | 边际效应 | 标准误差 | P 值 |
|---|---|---|---|---|---|
| 生存就业 | | | | | |
| | 加班工资支付满意度 | 1 | 0.067 | 0.046 | 0.005 ** |
| | | 2 | 0.074 | 0.051 | 0.041 * |
| | | 3 | 0.082 | 0.042 | 0.023 * |
| | | 4 | 0.089 | 0.048 | 0.007 ** |
| | | 5 | 0.096 | -0.044 | 0.004 ** |

注：** 表示 Sig.（P）<0.01（双尾），* 表示 Sig.（P）<0.05（单尾）。

#### 6.5.5.2　安全就业支持的边际效应分析

安全就业维度中劳动者最为关注的是劳动安全保护、劳动条件中的劳动时间规定和社会保障。《劳动法》第五十二条规定："用人单位必须建立、健全劳动安全卫生制度，严格执行国家劳动安全卫生规程和标准，对劳动者进行劳动安全卫生教育，防止劳动过程中的事故，减少职业危害。"《劳动法》第五十三条规定："劳动安全卫生设施必须符合国家规定的标准。新建、改建、扩建工程的劳动安全卫生设施必须与主体工程同时设计、同时施工、同时投入生产和使用。"《劳动法》第五十四条规定："用人单位必须为劳动者提供符合国家规定的劳动安全卫生条件和必要的劳动防护用品，对从事有职业危害作业的劳动者应当定期进行健康检查。"《劳动法》第三十六条规定："国家实行劳动者每日工作时间不超过八小时、平均每周工作时间不超过四十四小时的工时制度。"《劳动法》第七十二条规定："社会保险基金按照保险类型确定资金来源，逐步实行社会统筹。用人单位和劳动者必须依法参加社会保险，缴纳社会保险费。"《劳动合同法》第三十八条规定："用人单位未依法为劳动者缴纳社会保险费的，劳动者可以解除劳动合同。"劳动安全保护和强制加班、社会保险三个方面的劳动立法充分体现了政府对包括农民工在内的广大劳动者就业保障支持。本书将安全事故、强制加班和社会保险等级作为控制变量,分析劳动保护、劳动条件和社会保障对体面就业指数的边际效应。

表 6-21 中可以看出,是否出现安全事故的边际效应结果均在 Sig.(P)<0.05 水平下显著。即安全事故出现与否对农民工的劳动保护主观感受有影响,没有出现过安全事故的农民工体面就业指数水平较高。这表明,政府对农民工劳动安全法律保护的重视将有助于提高农民工体面就业指数水平。

表 6-21 安全就业影响的边际效应分析

| 自变量 | 控制变量 | 变量取值 | 边际效应 | 标准误差 | P 值 |
|---|---|---|---|---|---|
| 劳动保护主观感受 | | | | | |
| | 安全事故 | 0 | 0.082** | 0.037 | 0.000 |
| | | 1 | 0.055* | 0.042 | 0.015 |
| 劳动条件主观感受 | | | | | |
| | 强制加班 | 0 | 0.093* | 0.051 | 0.022 |
| | | 1 | 0.056* | 0.046 | 0.018 |
| 社会保障主观感受 | | | | | |
| | 社会保险险种数目 | 1 | 0.069* | 0.053 | 0.019 |
| | | 2 | 0.074* | 0.041 | 0.023 |
| | | 3 | 0.083* | 0.047 | 0.011 |
| | | 4 | 0.094* | 0.048 | 0.024 |
| | | 5 | 0.098* | 0.054 | 0.005 |

注:** 表示 Sig.(P)<0.01(双尾),* 表示 Sig.(P)<0.05(单尾)。

表 6-21 中的劳动条件主观感受边际效应分析结果表明:是否出现强制加班的边际效应结果均在 Sig.(P)<0.05 水平下显著。即强制加班是否出现对农民工劳动条件主观感受有影响,没有出现过强制加班的企业农民工体面就业的指数水平就越高。这表明,政府对农民工劳动条件法律保护的重视将有助于提高农民工体面就业指数水平。

表 6-21 中,边际效应分析结果表明:社会保险险种数目的边际效应结果均在 Sig.(P)<0.05 水平下显著。随着社会保险险种等级的上升,社会保障的边际效应呈正向增加。这说明,社会保险所代表的社会保障支持对农民工体面就业有正向影响作用,即社会保障制度被落实得越好的企业

农民工体面就业指数水平就越高。

由此可见，政府在劳动保护、劳动条件和社会保障方面的立法与监督落实对农民工体面就业指数水平起着非常重要的作用。

### 6.5.5.3 平等就业影响的边际效应分析

平等就业维度中劳动者最为关注的是公平待遇、劳动技能培训和带薪休假。《劳动合同法》第六十三条规定："被派遣劳动者享有与用工单位的劳动者同工同酬的权利。用工单位无同类岗位劳动者的，参照用工单位所在地相同或者相近岗位劳动者的劳动报酬确定。"《劳动法》第六十八条规定："用人单位应当建立职业培训制度，按照国家规定提取和使用职业培训经费，根据本单位实际，有计划地对劳动者进行职业培训。从事技术工种的劳动者，上岗前必须经过培训。"《劳动法》第四十五条规定："国家实行带薪年休假制度，劳动者连续工作一年以上的，享受带薪年休假。"《职工带薪年休假条例》第二条规定："机关、团体、企业、事业单位、民办非企业单位、有雇工的个体工商户等单位的职工连续工作1年以上的，享受带薪年休假（以下简称年休假）。单位应当保证职工享受年休假。职工在年休假期间享受与正常工作期间相同的工资收入。"上述同工同酬、劳动技能培训、带薪休假三个方面的劳动立法体现了政府组织对包括农民工在内的广大劳动的就业保障支持。本书将同工同酬、劳动技能培训、带薪休假作为控制变量，分析公平就业对体面就业指数的边际效应。

表6-22中的公平就业影响的边际效应分析结果表明：是否出现同工同酬的边际效应结果均在 Sig.（P）<0.05 水平下显著。没有享受过同工同酬待遇的企业农民工相对于享受过同工同酬的企业农民工的公平就业主观感受要低；没有建立职工劳动技能培训制度的企业农民工相对于建立了职工劳动技能培训制度的企业农民工的公平就业主观感受要低；是否享受过带薪休假对农民工公平就业主观感受有影响，即享受过带薪休假的企业农民工的公平就业主观感受程度较高。由此可见，政府重视农民工公平就业劳动立法与加强对企业监督管理将有助于提高农民工体面就业指数水平。

表 6-22　公平就业影响的边际效应分析

| 自变量 | 控制变量 | 变量取值 | 边际效应 | 标准误差 | P 值 |
|---|---|---|---|---|---|
| 公平就业<br>主观感受 | 同工同酬 | 0 | 0.037 ** | 0.031 | 0.002 |
| | | 1 | 0.084 ** | 0.059 | 0.005 |
| | 劳动技能<br>培训制度 | 0 | 0.048 * | 0.031 | 0.012 |
| | | 1 | 0.081 ** | 0.047 | 0.001 |
| | 带薪休假 | 0 | 0.047 * | 0.043 | 0.014 |
| | | 1 | 0.082 ** | 0.054 | 0.003 |

注：** 表示 Sig. (P) <0.01（双尾），* 表示 Sig. (P) <0.05（单尾）。

### 6.5.5.4　有尊严就业影响的边际效应分析

有尊严就业中劳动者比较关注工会组织的作用。《劳动法》第七条规定："劳动者有权依法参加和组织工会。工会代表和维护劳动者的合法权益，依法独立自主地开展活动"。依法参与工会组织和工会代表职工维权立法反映了政府组织对劳动者的就业支持。本书将是否工会会员身份作为控制变量，探讨有尊严就业对农民工体面就业的影响。

表 6-23 中的有尊严就业支持的边际效应分析结果表明：是否工会会员身份的边际效应结果均在 Sig. (P) <0.05 水平下显著。具有工会会员身份的企业农民工有尊严就业主观感受相对于不具有工会会员身份的农民工有尊严就业主观感受要高很多，说明政府重视有尊严就业方面的劳动立法与加强对企业组织的监督管理将有助提高农民工体面就业指数水平。

表 6-23　有尊严就业支持的边际效应分析

| 自变量 | 控制变量 | 变量取值 | 边际效应 | 标准误差 | P 值 |
|---|---|---|---|---|---|
| 有尊严就业主观感受 | 工会会员身份 | 0 | 0.026 ** | 0.025 | 0.004 |
| | | 1 | 0.091 * | 0.036 | 0.015 |

注：** 表示 Sig. (P) <0.01（双尾），* 表示 Sig. (P) <0.05（单尾）。

综合上述实证研究，边际效应统计数据表明，农民工体面就业的改善，不仅需要企业组织在各方面的积极支持，而且需要政府组织通过劳动立法与加强对企业组织的监督管理，从而使企业组织提供更加公平有效的组织支持，提高农民工体面就业水平。基于此，本书在第四章提出的假设5：政府职能与运行效率对农民工体面就业有正向影响作用得到验证。

## 6.6 农民工体面就业对其后效变量的影响分析

目前，我国农民工群体就业的企业组织基本属于非正规就业部门，具有对劳动技能要求和进入门槛低、包容性和适应性较强的特点，属于劳动力市场的低端就业市场，对农民工群体的就业保障水平较低，势必会影响其工作生活质量；这种低社会保障和低工作生活质量势必会影响到农民工群体的劳动积极性和劳动效率，恶性循环会影响组织绩效提升；组织绩效低下，企业无利可图，就会降低劳动者就业保障水平，导致劳动关系不和谐，进而引发一系列社会问题。

### 6.6.1 农民工体面就业对工作与生活质量影响的相关性分析

从表 6-24 中可以看出，一是农民工体面就业指数在 1% 的显著性水平下呈正相关关系；二是农民工体面就业各维度，包括生存就业、安全就业、公平就业、有尊严就业和自我实现就业等在 5% 的显著性水平下呈显著正向相关关系。

表 6-24　农民工体面就业与工作生活质量的相关性分析

| | | 生存就业 | 安全就业 | 公平就业 | 有尊严就业 | 自我实现就业 | 体面就业指数 |
|---|---|---|---|---|---|---|---|
| 工作生活质量 | Pearson 相关系数 | 0.301** | 0.217** | 0.146* | 0.014* | 0.091** | 0.189** |
| | Sig. | 0.003 | 0.002 | 0.018 | 0.011 | 0.005 | 0.004 |
| | N | 5 619 | 5 619 | 5 619 | 5 619 | 5 619 | 5 619 |

注：** 表示 Sig. (P) <0.01（双尾），* 表示 Sig. (P) <0.05（单尾）。

基于此，本书在第四章提出的假设 6：农民工体面就业对其工作生活质量有显著的正向影响得到验证。

### 6.6.2 农民工体面就业对组织绩效影响的相关性分析

从表6-25中可以看出，一是农民工体面就业指数绩效在5%的显著性水平下呈正相关关系；二是农民工体面就业各维度，包括生存就业、安全就业、公平就业、有尊严就业和自我实现就业在5%的显著性水平下呈显著正相关关系。

表6-25  农民工体面就业与组织绩效的相关性分析

| | | 生存就业 | 安全就业 | 公平就业 | 有尊严就业 | 自我实现就业 | 体面就业指数 |
|---|---|---|---|---|---|---|---|
| 组织绩效 | Pearson 相关系数 | 0.477* | 0.305** | 0.364* | 0.186** | 0.072* | 0.263* |
| | Sig. | 0.014 | 0.005 | 0.023 | 0.006 | 0.028 | 0.012 |
| | N | 5 619 | 5 619 | 5 619 | 5 619 | 5 619 | 5 619 |

注：** 表示 Sig.（P）<0.01（双尾），* 表示 Sig.（P）<0.05（单尾）。

基于此，本书在第四章提出的假设7：农民工体面就业对组织绩效有显著的正向影响得到验证。

### 6.6.3 农民工体面就业对社会和谐劳动关系构建影响的相关性分析

从表6-26中可以看出，一是农民工体面就业指数与和谐劳动关系构建在5%的显著性水平下呈正相关关系；二是农民工体面就业各维度，包括生存就业、安全就业、公平就业、有尊严就业和自我实现就业等在5%的显著性水平下呈显著正相关关系。

表6-26  农民工体面就业与和谐劳动关系构建的相关性分析

| | | 生存就业 | 安全就业 | 公平就业 | 有尊严就业 | 自我实现就业 | 体面就业指数 |
|---|---|---|---|---|---|---|---|
| 和谐劳动关系构建 | Pearson 相关系数 | 0.425* | 0.314** | 0.312* | 0.192* | 0.135* | 0.306* |
| | Sig. | 0.022 | 0.001 | 0.024 | 0.033 | 0.015 | 0.014 |
| | N | 5 619 | 5 619 | 5 619 | 5 619 | 5 619 | 5 619 |

注：** 表示 Sig.（P）<0.01（双尾），* 表示 Sig.（P）<0.05（单尾）。

基于此，本书在第四章提出的假设8：农民工体面就业对和谐劳动关系构建有显著的正向影响得到验证。

## 6.7 小结

本章首先对各调查问卷设计进行说明，并统计了问卷调查的各种基本信息，对调查问卷进行了信度和效度分析；其次通过对问卷调查数据的同度量化处理和农民工体面就业测评模型构建，计算出各种条件下农民工体面就业综合指数水平状况。

从性别角度统计，女性农民工体面就业指数水平低于男性农民工体面就业指数水平；从年龄角度统计，50 岁以上农民工体面就业指数水平大大低于总体水平；从在现企业工作年限统计，体面就业指数水平随在现企业工作年限的增加而提高；从从事的职业角度分析，94.82%的农民工属于企业普通员工，体面就业水平低于总体水平；从不同区域统计，东部地区的体面就业指数水平明显高于中西部地区；从拥有劳动技能的角度分析，七成农民工没有劳动技能，且都从事简单的体面劳动，体面就业水平明显低于总体水平；从流动次数分析，农民工体面就业指数水平与流动次数呈倒"U"形关系；从工会会员身份分析，96.94%的农民工没有加入工会组织，体面就业水平低于总体水平。

从对农民工体面就业进行描述性统计分析得知：一是农民工体面就业与各维度指标呈显著正相关关系，二是农民工体面就业整体水平堪忧，尤其是生存就业和安全就业存在较大问题。

采用相关性分析验证了个体因素中的人力资本对农民工体面就业有显著正向影响关系，社会资本所包含的强关系型社会资本、弱关系型社会资本和社会关系网络质量与体面就业指数呈正相关关系；组织因素中的不同所有制组织的农民工体面就业指数水平有差异，其中私营企业的农民工体面就业指数水平最低，不同行业组织的农民工体面就业指数水平有差异，其中劳动密集型组织的农民工体面就业指数水平最低，且从比例来看，私营企业和劳动密集型企业农民工占比达 90%以上；不同经济地域的农民工体面就业指数水平有差异，其中西部地区农民工体面就业指数水平最低；是否具有工会会员身份的农民工体面就业指数水平有差异，其中非工会会员身份的农民工体面就业指数水平最低，然而，非工会会员身份占比达 89.13%；采用边际效应分析政府职能对农民工体面就业的影响：加班工资支付满意度与农民工生存就业呈显著正相关关系，是否出现安全事故、是否出现强制加班、参加社会保险险种数量与安全就业存在显著正相关关系，是否实施同工同酬制度、是否建立劳动技能培训制度、是否执行带薪休假制度与公平就业呈显著正相关关系；是否具有工会会员身份与有尊严就业呈显著正相关关系。由此论证了政府加强加班工资、安全保护、劳动条件、社会保险、公平待遇、职业培训、带薪休假、工会组织等方面的立法与对企业组织的监督管理，有利于提高农民工体面就业指数水平。

最后，本书采用相关性分析法验证了农民工体面就业对其后效变量的影响，即体面就业对农民工生活工作质量、组织绩效和社会和谐劳动关系构建等后效变量的正向影响关系。

# 7 经济新常态下各影响因素对提高农民工体面就业水平的作用机理及多方合作型模式的构建

产业结构优化升级是新常态下社会经济发展的必然趋势，是转变社会经济发展方式的主要内容之一。经济新常态引发的产业结构优化必然会引起农民工的就业环境和就业结构的变化，进而影响农民工体面就业水平。当前，我国经济发展已经进入新常态，社会经济发展将逐步告别过去那种传统粗放型经济增长模式，即将迎来大幅度的产业结构优化升级。传统经济发展主要依赖国外产业转移、技术外溢和市场需求，导致我国经济结构长期失衡，自主创新能力差、内生增长动力弱、产能相对过剩等问题。党的十九大提出了经济新常态下如何构建现代经济体系，在秉承效益优先的基础上，加速科技创新、实体经济和人力资源协同发展。

## 7.1 经济新常态对农民工就业的影响

就业是民生之本。在经济新常态下，我国经济增长速度逐步下行和产业结构的不断调整，就业形势也发生了很大的改变。

### 7.1.1 经济增长速度趋缓，农民工就业压力增大

在经济新常态下，我国经济增长速度减缓，产业结构不断调整和优化升级，经济发展动力由原来的靠生产要素和投资驱动逐步转化为靠科技创

新驱动；人口红利减少，农村剩余劳动力减少，"强资本，弱劳工"的经济增长模式逐渐转向依靠劳动者的人力资本质量和劳动技能进步。在经济新常态下，我国就业结构也发生了巨大变化，传统的第二产业对劳动力的需求逐步减少。改革开放以来，我国作为制造业大国，在全球产业链中始终处于中下水平，在很大程度上依赖廉价的人力成本这一比较优势来获取国际的较大分工份额，从而满足劳动力市场对就业岗位的需求。在经济新常态下，随着我国经济发展速度趋缓，人口老龄化、国际金融危机、劳动力成本、原材料的采购成本和土地开放成本等整体提升，我国产业发展优势已经不再明显，根本无法满足劳动力市场的需求，社会就业率偏低，就业人员面临巨大的就业压力。《2019 年农民工监测调查报告》显示，2019年从事第二产业的农民工比重为 48.6%，比 2018 年下降 0.5%。其中，从事制造业的农民工比重为 27.4%，比 2018 年下降 0.5%；从事建筑业的农民工比重为 18.7%，比 2018 年增加 0.1%。该数据表明，在经济新常态下，主要吸纳农民工就业的制造业和建筑业面临严峻的现实考验，其产业规模扩大速度放缓，就业岗位增加较少，很难满足总量在不断增长的农民工就业需求，农民工的就业压力日趋增大。

### 7.1.2　产业结构调整，农民工结构性失业攀升

在经济新常态下，我国的产业结构进入了全面调整期，不断地优化升级，目的是合理配置各种社会资源，协调各方社会经济关系，为劳动力市场创造更多的就业机会。但随着产业结构的不断调整，新的就业问题开始凸显，结构性失业将成为解决就业问题的难点。一是在经济新常态下，我国第二产业面临新的挑战，工业发展开始从传统的劳动密集型和资源密集型逐渐转化为优质高效型和环保节能型，很多传统的劳动密集型的制造业和建筑业，以及资源密集型的煤炭业和水利电力行业的产品需求量降低，其利润、投资和销售等都开始回落，产能过剩成为企业发展的内部新问题；产业结构调整使得许多企业无所适从，导致面临被淘汰破产或合并的风险，大量从业人员面临经济性裁员或失业等问题。二是我国前期经历了30 多年的经济高速发展，经济增长一部分主要依靠大量的资源供给，资源短缺问题已经成为目前阻碍部分地方经济发展的重要因素，同时某些企业在经济发展过程中不惜以牺牲环境为代价，导致生态环境恶劣，严重地影响了人民群众的生活质量。在可持续性发展战略的要求下，我国产业结构

调整已成为必然，然而产业结构调整必然会影响到就业，增加结构性失业。《2019 年农民工监测调查报告》中的数据显示，农民工中，未上过学的占 1%，小学学历占 15.3%，初中学历占 56%，高中学历占 16.6%，大专以上学历占 11.1%，即高中以下学历占比为 88.9%，受教育程度普遍偏低，根本不能满足产业结构调整和企业技术创新对专业劳动技能的需求，导致结构性失业攀升。

### 7.1.3 经济增长动力发生转变，专业技能型农民工紧俏

传统的粗放型经济增长主要是依靠廉价劳动力和丰富的自然资源等生产要素，采用刺激消费、依靠政府投资等直接手段发展经济，发展效率较低。但在经济新常态下，经济增长方式发生了根本性的改变，不再依靠各生产要素条件发展经济，转而依靠创新驱动、产业结构调整等方式大力发展社会经济。随着市场经济体制的不断发展，政府在市场的宏观调控作用逐渐减弱，市场对劳动力的需求调节能力逐步增强，产业结构直接决定市场需求状况，企业对专业技术人才的需求大大增加。《2017 年农民工监测调查报告》中的数据显示，接受过专业技能培训的农民工占 32.9%，基本上与 2016 年持平。其中，接受非农劳动技能培训的占 30.6%，比 2016 年下降了 0.1%，接受过农业技能培训的占 9.5%，农业劳动技能和非农劳动技能培训都参加过的占 7.1%。该数据表明，我国农民工接受劳动技能培训的比例总体偏低，70% 左右的农民工根本没有参加过任何劳动技能培训，劳动力的素质普遍不高，劳动技能缺乏已经成为妨碍农民工体面就业实现的主要因素，导致企业的技术性岗位空缺的同时，大批农民工又结构性失业，出现了"就业难"与"招聘难"的双重困境。在经济新常态下，随着经济转型升级，工业化和信息化融合加快，如何提高就业能力已经成为农民工面临的现实问题。

## 7.2 经济新常态下农民工实现体面就业的现实困境

长期以来，由于受传统的计划经济体制和二元经济结构的影响，农民工就业通常被当作体制外就业，其制度设计往往脱离实际，导致农民工就业始终处于就业结构的边缘地位，离农民工体面就业相距甚远。

### 7.2.1　就业稳定性差，难以实现体面就业

体面就业的首要战略目标是要求各国政府和社会组织尽最大的努力为全民创造更多的就业岗位和就业机会，充分实现全民就业。但在经济新常态下，我国产业发展优势已经不再明显，产业规模扩张速度放缓，经济增长由传统的劳动密集型向创新驱动型转变，社会提供低技能的劳动密集型岗位减少。而我国目前劳动年龄人口众多，素质教育水平较低。人力资源和社会保障部的资料显示，2018 年，我国城镇新增就业 1 361 万人，有551 万城镇失业人员实现再就业，就业困难人员就业 181 万人，年末城镇登记失业人员 974 万人，城镇登记失业率为 3.80%，已经连续五年实现新增城镇就业 1 300 万人以上。就业压力巨大，出现了新兴劳动力就业与失业人员再就业问题交织的矛盾，城镇就业与农民工外出就业速度较快同时出现，劳动力供求总量矛盾与就业结构性矛盾同时并存的就业矛盾现象。在经济新常态下，经济下行压力增大，增速放缓，传统的制造业、加工业及建筑业等逐渐萎缩，经济发达地区产业结构调整，许多劳动密集型产业向劳动力成本低廉的泰国、印度等发展中国家转移，这在一定程度上给农民工的总量就业带来巨大的冲击。已有的研究表明，农民工主要依靠强关系型社会资本实现就业[①]，他们主要在非正规就业部门实现就业，这类就业岗位往往属于城市劳动力市场的最底层地位，劳动保护条件相对较差，就业稳定性受经济因素的影响较大，生存问题受到了很大威胁，很难适应新常态下的体面就业形势要求，就业矛盾十分突出。

### 7.2.2　就业发展难，难以适应新常态

随着产业结构不断调整升级，现代服务业、先进制造业、智慧农业等战略性新兴产业的比重越来越大，对高技能劳动者的需求逐渐增大，对低技能劳动者的需求逐渐减少，农民工短暂性就业、流动性就业与临时性就业的矛盾突出，部分农民工俨然成为新的失业群体。相比于第一代农民工，新生代农民工的文化程度有明显提高，但由于其长期处于生产第一线，劳动技能提升缺乏机会，知识结构落后，工作内容单一，其劳动技能总体水平还是偏低。《2019 年农民工监测调查报告》中的数据显示，农民

---

① 陈静. 体面劳动视角下城镇非正规就业群体劳动权益保障研究 [M]. 成都：西南财经大学出版社，2015.

工从事第一产业的比重仅为 0.4%；农民工从事第二产业的比重为 48.6%，其中从事建筑业的比重为 18.7%，从事制造业的比重为 27.4%；农民工从事第三产业的比重为 51%，其中从事零售和批发业的比重为 12%，从事交通、仓储和邮政业的比重为 6.6%，从事餐饮与住宿业的比重为 6.9%，从事居民服务的比重为 12.3%。该数据资料表明，农民工普遍从事的职业属于非正规部门的低端劳动力市场，是一些脏、累、苦、危险性或重体力的技术含量较低的职业。这些职业普遍工作时间长、劳动强度大、加班现象非常突出、安全卫生条件差。虽然各级政府为保护农民工的就业权益采取了一些相应的措施，但农民工的劳动权益依然容易受到侵犯，严重地影响了农民工体面就业的实现。

### 7.2.3　收入水平低，难以平衡人力资本投资

目前，我国农民工总体收入水平偏低，尚未建立正常的工资增长机制。《2019 年农民工监测调查报告》中的数据显示，农民工月均收入 4 427 元，比 2018 年增长 267 元，增长 6.8%，增速比 2018 年回落 0.8%；《2017 年北京农民工监测调查报告》中的数据显示，同期城镇单位就业人员平均工资为 5 631 元，农民工月平均收入是同期城镇单位职工收入的 61.9%。为确保城镇单位职工工资收入水平与经济社会发展水平相适应，国家规范建立了城镇单位职工工资正常增长体制，而身为城市产业工人的一部分，农民工却被排除在该体制之外，收入水平完全由劳动力市场机制和社会经济发展形势决定，收入水平低且还不稳定。大量民营企业为了自身利益最大化，不惜牺牲员工利益，给农民工确定的工资就是当地最低工资标准，根本没有建立随企业经营利润增长和社会经济发展的员工工资增长机制。从而导致农民工在日常消费、医疗健康等方面的支出比例较高，在教育培训、提升自己劳动技能等人力资本方面的投入降低，这种低收入、低技能和低端劳动力市场就业的"三低"就业状态恶性循环，是未能实现体面就业的根本原因。

### 7.2.4　契约意识弱，难以实现劳动保护

体面就业的核心是稳定就业，我国也把全民稳定就业作为实现小康社会的重要内涵。外出农民工城镇就业主要依靠亲朋好友等强关系型社会资本，自身文化水平低，大部分农民工无任何契约意识，劳动合同签订率很

低。劳动合同是以法律的形式确定劳动者与用人单位之间的劳动法律关系，明确劳资双方的权利与义务，依法保障劳动者的合法权益。无论是以劳动合同法为依据的就业保护体系，还是以社会保险为主体的社会保障体系，保障的对象都是有明确的雇佣关系的就业人员。这种明确的雇佣关系通常是以劳动合同签订为依据的。《2018 年度人力资源和社会保障事业发展统计公报》中的数据显示，2018 年全国就业人员为 7.758 6 亿人，其中城镇就业人员为 4.341 9 亿人，农民工总量为 2.883 6 亿人，其中外出农民工为 1.726 6 亿人；全国企业劳动合同签订率达到 90% 以上。而全国流动人口追踪数据（CDMS）显示，"2017 年全国外出农民工的劳动合同签订率为 64%，其中无固定期限劳动合同签订率为 12%，固定期限劳动合同签订率为 48%。"① 由此可见，农民工的劳动合同签订率还是很低，近年来还呈现下降趋势。从劳动经济学的视角看，固定期限劳动合同签订对劳动者工资增长有不利影响，长期无固定期限劳动合同有利于劳动关系的稳定，但是低于全国水平的劳动合同签订率和较低的无固定期限长期劳动合同签订率都彰显出外出农民工的就业保护问题仍然不容乐观。已有研究表明，农民工即使签订了劳动合同，合同期限也特别短，一般在三年以下，有的甚至一年内签订四次②。对一些老职工，部分小微企业根本不与其签订劳动合同或以劳动合同到期为由，任意终止与老职工签订的劳动合同，严重地影响了农民工的就业稳定性，其劳动权益的保障处于滞后状态。

### 7.2.5 社会保障难，主体地位缺失

体面就业把为劳动者提供有效的社会保护作为战略目标，旨在使劳动者在遇到生、老、病、死和丧失劳动能力而急需救助时，能够获得及时、有效的社会救助。我国现行政策规定，农民工可以在城镇职工社会保险和新农保之间做选择，但参与城镇职工社会保险法存在缴费高和传统的雇佣关系的高门槛制约，参保的前提必须是建立劳动关系，但近年来农民工签订劳动合同的比例却逐年下降。目前，我国尚未正式建立针对农民工群体的社会保障机制，农民工大多没有缴纳城镇职工的"五险一金"。2017 年，农民工参加城镇职工养老、医疗、失业和工伤保险的比例分别只有

---

① 海娟. 农民工"半城市化"问题再探讨 [J]. 现代经济探讨，2016 (5)：68-73.

② 赵明霏，王珊娜. 外出农民工就业质量的变化趋势及特征分析 [J]. 山东工会论坛，2020 (3)：1-11

36.09%、45.43%、36.22%、28.50%，特别是失业保险，只有1/3左右的参保率①。近几年来，虽然企业在积极推行农民工城镇职工保险制度，但其参保率却在下降，即使参加城镇职工保险，也主要集中在医疗保险和工伤保险等"风险型"险种。城镇职工保险制度和新农保制度之间的保障水平差别非常大，农民工的社会保险与制度设计之间存在很大差距，即城镇职工社会保险门槛高够不着、新农保又达不到养老保障水平的双重矛盾，使得农民工具有"高流动性"和"季节性"的特征，同样使得他们难以享受相应的社会保险服务。作为城镇就业的主流人群，社会保障普遍缺失，将导致其劳动保护根本无法实现。

### 7.2.6 劳动争议多，难以实现公平就业

公平正义是体面就业的宗旨，旨在追求劳动者能够享受公平的劳动待遇及安全舒适的劳动环境，使劳动健康、平等、安全和自由地获取工作机会。农民工群体所在的非正规就业部门由于劳动力供给量大，劳动技能低，其替代性非常强，劳工缺乏维权机制，企业广泛存在"强资本、弱劳动力"现象，劳动者与就业组织建立的个别劳动关系严重失衡，集体劳动关系尚未建立，导致农民工群体的劳动关系建立极不稳定，合法权益很难得到保障。《2016年农民工监测调查报告》数据显示，农民工加班现象非常普遍，平均周工作时间超过44小时的比例为78.4%；工资被拖欠的比重占0.84%，人均被拖欠11 433元，比2015年增加1 645元，增长16.8%。近年来，农民工的劳动争议案件居高不下，其合法权益受到侵害，主要表现在以下两个方面：一是未签订劳动合同或劳动合同短期化，劳动关系不稳定，劳动条件差，加班工资低或拖欠工资现象普遍，导致工伤或职业病等现象发生；二是农民工的社会保险、年假工资、经济补偿金、失业保险金的普遍缺失等侵权行为时有发生，导致农民工的体面就业难以实现。

### 7.2.7 生活方式落后，难以融入城市

居住条件和社会交往等生活方式是农民工体面就业的根本，直接体现农民工城镇就业的生存状态。《2017年农民工监测调查报告》中的数据显示，城市农民工的人均居住面积为19.8平方米，但人均居住面积在5平方

---

① 王震. 新冠肺炎疫情冲击下的就业保护与社会保障［J］. 经济纵横，2020（3）：7-15.

米以下的比重为 4.6%，人均居住面积与城市规模成反比；且《2016 年农民工监测调查报告》中的数据显示，62.4% 的农民工为租房居住。由于经济收入水平低，农民工能够负担的房屋租金受限，大部分农民工合租在城中村、棚户区或远离城市中心的城乡接合部等人口集聚地，居住条件简陋、卫生条件较差，生活设施落后；社会网络关系质量差，与城市文化生活隔离。在城市生活中，除家人外，他们的人际交往分别是：老乡占 34.7%，当地朋友占 24.6%，其他时间主要是上网、看电视和休息（分别占 40.7%、35.6% 和 28.4%），参加读书学习和选择文体活动的比重分别为 3.6% 和 5.3%，选择参与培训提升的比重为 1.9%。由此看来，农民工这种居住条件和与熟人社会的交往形式逐渐形成了一种与城市文化隔离的类似于家乡"村落化"的落后生活方式，导致其难以融入城市。

### 7.2.8 组织化程度低，难以实现利益诉求

要实现就业保护就是要让劳动者能够顺利通过工会组织来表达自身的利益诉求，实现其参与组织与社会管理的对话权目标。《2019 年农民工监测调查报告》中的数据显示，在进城农民工中，选择参与社区组织的活动比重为 27.6%，比 2018 年提高 1.1 个百分点，其中，3.9% 经常参加，23.7% 偶尔参加；有机会加入工会组织的比重为 13.4%，比 2018 年提高 3.6%；当需要利益诉求表达时，7.8% 的农民工会找工会、妇联和政府部门，2.6% 的农民工会找社区。目前，大量的外出农民工广泛地就业于各社会劳动领域，非正规化就业程度高，他们大部分所在的小微企业根本没有条件成立工会组织，劳动关系松散，组织程度化低，严重缺乏话语权和权益维护的组织与机制，劳动就业权益一旦受损，利益诉求就很难实现。

## 7.3 农民工陷入体面就业困境的原因分析

### 7.3.1 困于制度环境保障无效

有效的制度环境保障直接关系到农民工能否在城镇安居乐业，并能充分享受基本的公民权、福利权和公平的社会服务，是农民工体面就业实现的根本保证。

（1）户籍制度的禁锢。尽管国家推行户籍制度改革，实行居民身份证

制度，但农民工依然是农村居民身份的城市就业人员，双重身份的城镇农民工由于户籍制度障碍的存在，使其不能得到就业政策、公共服务和保障体制方面的优先考量，成为游走在城乡的"边缘人"。这种户籍制度改革还停留在象征意义层面，没有得到实质性改变。

（2）就业制度的城乡分割。长期以来，我国劳动力市场受计划经济体制和城乡二元经济制度的影响，依然存在较为严重的就业制度城乡二元分割现象，这种现象主要还是户籍制度导致的，主要表现为农民工被排除在体制外就业，非正规就业部门成为他们就业的主要渠道，很难在正规就业部门实现就业。在非正规就业部门，大部分农民工干着城市职工不愿意干的脏、累、重的层次较低及以体力劳动为主的劳动，存在工作条件差、工资待遇相对较低、工作时间长、低薪加班或无偿加班、劳动合同签订率低、同工不同酬、就业歧视和劳动权益得不到保障的现象。

（3）社会保障制度的排斥。社会保障制度是实现体面就业的重要支撑因素。目前，我国城乡社会保障制度依然存在二元经济特征，农村社会保障体系尚未完善，而城镇社会保障体系缴费水平和保障水平都较高，且进入门槛设置较高，直接把大部分农民工排除在制度之外，导致其城市职工社会保险参保率较低，这种低的参保率会直接把部分农民工暴露在各种社会风险之下，使其不能安心在城市稳定就业，未建立比较完善的统筹城乡的社会保障制度已经严重地影响了农民工体面就业的实现。

（4）培训制度的不完善。培训制度是提升农民工的就业能力、实现其体面就业最重要的途径。政府对农民工职业培训缺乏有效的监管，没有建立有效的农民工职业培训质量评价机制，对培训的基本情况、培训经费的使用、培训机构的资质和市场准入机制等方面缺乏有效的监督检查；现行农民工不完善的职业教育制度和"应试教育"模式，导致农村劳动力整体素质和专业劳动技能偏低；同时，随着新型城镇的快速推进和产业结构的不断调整升级，对农民工劳动技能提出了新的要求。然而，各级地方政府及相关部门对农民工的培训重视程度不够，培训资源分布不均，培训内容单一、技术含量低，培训覆盖面狭窄和培训效果不佳，尤其是县级或乡镇几乎没有设立相应的职业培训机构，培训师资也相对缺乏。这种培训机构少、师资相对缺乏的现状直接导致针对农民工的培训内容陈旧，根本无法满足社会对新科技、新工艺和新技术的需求，造成现有培训针对性不强，职业培训供需双方的结构性矛盾突显。

### 7.3.2  困于政府公共就业服务体系不健全

（1）公共就业服务体系的政府宏观调控不力。近年来，随着我国城市化进程的加快，大量农民工成为城市就业的主力军。我国构建的公共就业服务体系逐也渐暴露出一些弊端，主要体现在：公共就业服务机构数量不足，结构单一[①]；面对数量逐年递增的农民工，很难提供真正需求的就业服务，就业服务职能难以发挥，导致难以准确、及时为农民工传递就业信息；对农民工的就业质量、就业稳定性和就业能力需求等方面缺乏有效分析和预测，劳动力市场供需信息不完善，不能为农民工提供优质的就业服务。

（2）农民工的就业服务管理与新常态的实际需要错位。目前，我国正处于"三期叠加"的经济发展新常态时期，劳动力的需求发生了新的变化。然而，各级地方政府的就业服务管理与新常态的实际需要错位，无法跟上这一形式的变化，公共就业服务主要还是关注城镇就业人员，部分地方干部缺乏对农民工群体的关注和热情，在政策压力或外界的影响下，被动地把农民工视为城市建设和经济发展的主力军，缺乏劳动权益保障，导致农民工就业稳定性差，这与城市就业服务管理是息息相关的。在许多地方，政府依然是农民工公共就业服务提供的唯一主体，其公共就业服务管理的改革进程缓慢，直接影响了农民工体面就业。

（3）基层管理人员的服务意识较弱。目前，政府组织的基层管理人员较少，工作量大、劳动报酬低，管理范围广，为农民工提供的公共就业服务面较窄，完全依靠农民工自身主动参与和积极关注。基层管理人员主要履行行政管理职责，很难深入农民工居住地实际了解农民工真正的就业需求，缺乏有效的就业服务指导，这种就业服务意识直接影响了较为复杂的农民工就业服务管理工作的需要。

### 7.3.3  困于企业就业用工制度不规范

农民工难以实现体面就业的困境有其深层的制度根源。近年来，尽管国家在努力推进农民工体面就业的过程中，但企业依然存在社会责任意识缺乏、签订劳动合同不规范、劳动关系不乐观、劳动分配制度错位和企业

---

① 张洪霞，崔宁. 新型城镇化进程中新生代农民工就业转型问题研究 [J]. 中国劳动，2015（2）：20-24.

非正规用工及监督机制失灵等问题，从而导致农民工长期处于低收入、低保障和低稳定的"三低"就业状态。

（1）企业社会责任意识缺乏。20世纪40年代，美国学术界就已经形成企业社会责任理念，他们认为企业社会责任主要是指企业在实现利润最大化目标的同时还对社会承担一定的责任。而我国农民工长期服务于中小企业、小微企业等，这些企业自身都处在竞争中求生存状态，让他们去承担社会责任较难。农民工在这些企业中工资相对较低、工作时间较长、社会保障缺乏、劳动关系不稳定、劳动技能培训缺乏，不利于实现农民工体面就业。

（2）劳动合同制度不健全。健全的劳动合同制度是实现劳动双方利益协调的基本保障。2013年，我国颁发的《中华人民共和国劳动合同法》规定：各企事业单位都必须建立以劳动合同为依据的劳动用工制度。依法签订劳动合同虽然是实现体面就业的基本保障，但部分企业根本没有依法建立适应自身企业发展的劳动合同为依据的用工制度。其主要表现在以下三个方面：一是农民工普遍文化程度低，没有一定要与企业签订劳动合同的意识，而且一些企业为追求自身利益最大化，根本就不与农民工签订劳动合同或签订单方面的劳动合同。究其原因，是怕提高保障工人合法劳动权益的责任成本，给工人缴纳社会保险是企业一笔不菲的支出。而且当他们一旦出现工伤、医疗、失业等事故时，企业也会蒙受一定的经济损失。于是，部分企业会故意制造一些麻烦降低农民工主动签订劳动合同的意愿，使其为了减少麻烦而忽略签订或同意放弃签订劳动合同。二是劳动合同内容不规范。对于农民工群体来说，长期处于劳资双方力量悬殊的弱势地位，企业在劳动合同内容的签订上不考虑农民工实际情况，单方制定霸王条款，这些条款属于单方保护企业利益而有可能损害农民工的就业保障权。三是劳动合同签订年限呈短期化现象。为了降低企业自身的用工成本和风险，部分企业会故意延长试用期或试用期满后就不再雇佣。对于已经雇佣了的农民工，其劳动合同也呈短期化现象。

（3）企业劳动分配制度不规范，农民工劳动报酬的"天花板"效应和因劳动报酬引发的劳动争议占比较大且呈逐年上升趋势。我国劳动力市场存在公有制和非公有制、技术与非技术市场、城镇劳动力市场与外来务工人口市场之间多元分割特征。农民工基本上在非公有制、非技术行业和外来务工人口的二级劳动力市场就业，用在编与非在编、技术与非技术、城镇与非城镇等方法区分为两种截然不同的用工制度和收入分配制度。许多企业的劳动分配制度存在严重缺陷，或者根本就没有个人劳动分配制度，劳动报酬均是由老板说了算，农民工的劳动付出与收益之间存在极大的反差，部分企业农民工在正常工作时间的报酬也只能基本维持生存需要，工资增长较为缓慢，其劳动报酬与社会发展呈现逆向运行态势，形成农民工劳动报酬的"天花板"效应。从表7-1可以看出，劳动报酬成为劳动者最为关注的就业保障内容，因劳动报酬引发的劳动争议案件比率占比较大且呈逐年上升趋势，2013年其占比为33.54%，2014年其占比为36.18%，2015年其占比为39.46%，2016年其占比为41.73%，2017年其占比为42.21%，2018年其占比为42.58%。这种不健全的劳动报酬分配制度对劳动者体面就业产生了诸多消极影响：一是长期低劳动报酬会严重地影响农民工的生存质量。在当今生活成本和压力逐渐加大的情势下，连生存权保障都受到影响的劳动报酬分配制度肯定会削弱农民工对企业组织的归属感和工作积极性。二是同工不同酬的现象使得劳动者产生收入分配不公平感。在企业内部，高层管理与基层员工之间的劳动报酬差距非常大，正式签订劳动合同的员工与非正式员工之间的劳动报酬差距相差悬殊，这容易导致劳动争议纠纷的发生。

表7-1　中国劳动人事争议仲裁情况统计（2013—2018年）

| 项目 | 2013 | 2014 | 2015 | 2016 | 2017 | 2018 |
|---|---|---|---|---|---|---|
| 当期案件受理数/件 | 665 760 | 715 163 | 813 859 | 828 410 | 785 323 | 894 053 |
| 劳动报酬案件数/件 | 223 351 | 258 716 | 321 179 | 345 685 | 331 463 | 380 751 |
| 劳动报酬占总案例比率/% | 33.54 | 36.18 | 39.46 | 41.73 | 42.21 | 42.58 |

数据来源：根据《中国统计年鉴（2019）》中的统计数据整理而成。

（4）企业不规范用工及监督机制失灵。企业在招聘和使用员工方面，统筹采用各种非正规的手段完成，农民工获取职业一般是通过亲朋好友等强关系型社会资本实现，形成非正规就业特征的农民工二级劳动力市场，其员工就业信息根本没有在人事部门登记与备案，劳动合同签订率极低。实际上，在企业人事信息方面监管部门掌控严重缺位，无法实现劳资关系的有效监督，劳动保护缺乏，工作环境较差，社会保障缺位，严重地损害了农民工的劳动权益；从流入地政府角度看，为了追求经济增长，当本地企业侵犯农民工合法劳动权益引发劳资纠纷时，通常都是维护本地企业利益，不重视保护农民工的合法劳动权益。

### 7.3.4  困于农民工自身资本禀赋匮乏

（1）人力资本禀赋匮乏。人力资本主要是指通过教育、培训、健康和劳动力迁移投资等方式在劳动者身上形成的知识、技能、经验和健康状况所反映出来的能力。当预期效用大于当前支出所带来的效用时，劳动者就会进行人力资本投资。由此可见，人力资本是人力资源通过投资形成的专业技能资本，主要表现为劳动者的工作技能和工作质量方面的资本。目前，我国依然存在城乡二元经济特征，教育资源布局不均衡，农民工文化程度普遍偏低、职业技能较为缺乏，导致农民工自身人力资本禀赋严重匮乏，直接影响了农民工体面就业，是影响农民工体面就业的内在因素。

（2）社会资本禀赋匮乏。社会资本是指劳动者及家庭通过社会经济实践活动形成的各种社会关系资源。社会资本能够为个体提供信息、声望、权利和财富等，从而实现个体利益最大化。农民工的社会资本具有以下三个特征：一是社会资本网络规模较小。农民工所具有的社会资本大多与农村有关，而农村社会是以血缘、地缘、婚姻和宗族等关系形成的社会网络，具有鲜明的乡土特征，城市对于他们来说是个陌生世界，在城市主要依托用人单位建立起来的社会资本非常有限，农民工的交往及信息来源往往都拘泥于自己熟悉和信任的在城市工作的亲戚或老乡等人，社会资本规模较小。二是社会资本异质性极差。已有的研究表明，农民工的主要社交群体是第二产业工人和第三产业的基层服务人员，他们很难与城市居民和正规就业部门人员建立社会关系网络，这表明农民工的社会资本结构存在不均衡。也就是说，农民工的社会关系资源网络构建仍然依托同质身份的农民工群体，相似的生活经历、趋同的文化传统和同样的工作环境，导致其社会资本异质性极差，形成农民工固化在简单低级的工作岗位上就业，对体面就业的实现严重不利。三是社会资本存量低及种类单一。农民工的社会资本主要包括私人关系型社会资本、组织型社会资本和制度型社会资本，且这三种资本应该是相互依存的。在现实生活中，农民工主要的社会资本主要依赖私人关系构建，但由于长期外出务工，私人联络减少，导致私人关系型社会资本存量极低；由于企业用工制度不规范，导致农民工工作稳定性差，组织型社会资本难以形成；长期城乡二元经济格局致使农民工难以获取制度型社会资本。对于农民工来说，这种规模较小和同质化私人关系型的强关系型社会资本不利于他们在城市实现体面就业。

（3）农民工自身保护意识不强。农民工自我保护意识不强主要受三个方面的影响：一是农民工自身文化程度较低，导致大部分农民工对有关劳动力市场的法律法规不了解，当自身劳动权益受到损害时只有很少的农民工知道利用法律武器维护自身权益；二是在供大于求的劳动力市场状况下，完全处于弱势地位的农民工，为了保住或获得来之不易的工作不得不接受强制加班、无故克扣或拖延工资等侵权行为；三是部分农民工属于候鸟型打工，农忙时返乡、农闲时外出，农民工流动性非常大，参保意识不强。

### 7.3.5 困于工会组织组建机制不健全

（1）农民工工会参与率低。由于农民工所从事的企业大多数为小微企业和个体工商户，这些企业和个体工商户根本没有能力组建工会组织，导致农民工参与工会的比例很低。《2019年农民工监测调查报告》中的数据显示，2019年，加入工会组织的进城农民工占已就业进城农民工的比重为13.4%。尤其是劳务派遣用工制度存在派遣单位与用人单位隔离的问题，大部分劳务派遣工未加入用人单位的工会，使得农民工工会参与率较低。

（2）工会组织独立性不强。因经济和身份依赖导致工会对农民工群体维权的力度不够。我国工会组织是自下而上逐级审批构建的，实行的是单一工会制。《中华人民共和国工会法》明确指出：基层工会、地方各级总工会、全国或者地方产业工会的建立，必须报上一级工会批准。在工会经费来源方面，实行的是国家行政补贴和建立工会组织的企业、事业、机关按规定比例向工会组织划缴，从而使我国工会组织在经济上对政府和企业组织产生依赖；同时，我国工会组织在实现特定的经济与政治目标时，承担了动员和安抚职工的责任。由于历史遗留原因，我国工会组织还被政府赋予更多的社会角色，带有强烈的行政色彩，使得工会组织对政府也具有很强的依赖性，导致工会组织因经济和身份不独立，不能完全代表劳动者的权益。

（3）工会集体谈判能力弱，导致农民工最关注的工资集体协商机制流于形式。建立工资集体协商制度的目的是改善企业内部劳动分配形式，促使企业内部收入分配制度改革走向市场化。过去，我国企业内部收入分配制度的灵活性差，带有很强的计划经济色彩，与劳动力市场要价相差甚远，极大地妨碍了企业职工的积极性。一是我国工资集体协商制度和劳动法都相继规定："企业工资决定都应采取集体协商方式"。但我国农民工整体文化水平低，基本上都是高中以下学历，长期处于就业底层，维权意识淡薄，当劳动权益受损时由于劳资力量悬殊、迫于生计和对司法程序的陌生，导致大多数农民工选择"忍气吞声"。二是部分民营和私有企业组织根本没有能力组建工会，即使组建了工会，但因工会在经济与政治上对企业的依赖性，许多非公有制企业对工会的干预行为比较普遍，导致工会组织根本无法真正代表劳动者进行工资集体协商。

## 7.4 新常态下各影响因素对提高农民工体面就业水平的作用机理

上述研究表明，经济新常态必定会引发产业结构优化，产业结构优化必然会促进新兴产业形成，新兴产业则会提出对劳动力素质的更高要求，劳动力素质提高势必会需要政府、企业、工会和劳动者自身多方协同努力，最终才能实现农民工体面就业。本书主要从理论视角诠释了在经济新常态下，政府、企业、工会等多方因素对农民工体面就业水平提高影响的作用机理，如图 7-1 所示。

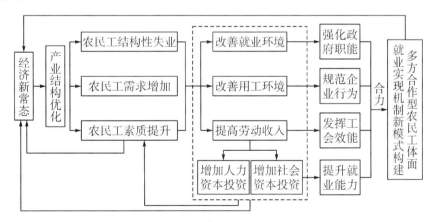

图 7-1　新常态下各影响因素对农民工体面就业水平提高的作用机理
及多方合作型农民工体面就业实现机制新模式的构建

## 7.5  多方合作型农民工体面就业实现机制新模式的构建

农民工体面就业水平受多种因素的影响，既有政府方面的因素，也有企业组织、工会组织和农民工自身因素的影响。农民工体面就业水平提高主要表现为劳动收入水平提高，进而会增加人力资本和社会资本投资，提高自身职业素养，适应产业结构优化升级对高素质劳动力的需求，促进产业结构进一步优化。产业结构进一步优化升级，又会导致农民工结构性失业、农民工需求量增加、劳动收入增加，需要政府与企业组织、工会组织和农民工等多方合作改善其就业环境、劳动用工环境、提高劳动收入，进而提高其体面就业水平。

基于此，本书构建了以政府组织、企业组织、工会组织和农民工自身等多方合作型体面就业实现机制新模式。

## 7.6  小结

本章第一部分分析了经济新常态对农民工就业的影响：经济增长速度趋缓，农民工就业压力增大；产业结构调整，农民工结构性失业攀升；经济增长动力发生转变，专业技能型农民工紧俏。第二部分探讨了新常态下农民工体面就业的现实困境：就业稳定性差，难以实现体面就业；就业发展难，难以适应新常态；收入水平低，难以平衡人力资本投资；契约意识弱，难以实现劳动保护；社会保障难，主体地位缺失；劳动争议多，难以实现公平就业；生活方式落后，难以实现利益诉求。第三部分主要剖析了农民工体面就业困境存在的原因：一是困于有效的制度环境保障：户籍制度的禁锢，就业制度的城乡分割，社会保障制度的排斥，培训制度的不完善。二是困于政府公共就业服务体系的不健全：公共就业服务体系的政府宏观调控不力，农民工的就业服务管理与新常态的实际需要错位，基层管理人员的服务意识较弱。三是困于企业不规范的就业用工制度：企业社会责任意识缺乏；劳动合同制度不健全；企业劳动分配制度不规范，农民工劳动报酬的"天花板"效应和因劳动报酬引发的劳动争议占比较大且呈逐年上升趋势；企业不规范用工及监督机制失灵。四是困于农民工自身资本禀赋的匮乏，即人力资本禀赋匮乏和社会资本禀赋匮乏。五是困于工会组织组建机制不健全，即工会组织独立性不强。第四部分主要分析了各影响因素之间的相互关系及对农民工体面就业的作用机理，在此基础上构建了政府、企业、工会和农民工自身等多方合作型农民工体面就业实现机制新模式。

# 8  研究结论与对策思考

本书立足如何解决农民工体面就业的现实问题，对经济新常态下农民工体面就业展开理论与实证研究。本书通过大量的文献分析和数据验证，认为构建农民工多方合作型体面就业实现机制新模式是提升农民工工作生活质量和组织绩效、有效构建社会和谐劳动关系的有效途径；本书通过理论构思构建了农民工体面就业的理论模型，并提出了八个相关研究假设，通过定性研究方法从理论视角构建了农民工体面就业的评价指标体系，通过隶属度和相关性等定量分析方法对理论设计的指标体系进行两轮筛选，采用层次分析法对各指标体系进行权重赋值；本书把指标体系设计成问卷，把调查问卷搜集到的数据进行同度量化处理，并构建了农民工体面就业指数评价模型，计算出各种条件下农民工体面就业综合指数；采用相关性和边际效应分析法对前述提出的八个相关研究假设进行实证验证支持，并得到了一些新的启示。

## 8.1  研究结论

### 8.1.1  多方协同治理是农民工实现体面就业的必要条件

研究结果表明，农民工体面就业受政府、企业、工会和农民工自身等多方因素的影响，其体面就业水平提高需要多方协同努力，是一项艰巨而复杂的任务。由此，本书提出了构建以政府、企业、工会和农民工自身等多方合作型农民工体面就业的实现机制新模式。只有通过户籍制度、城市管理、社会保障、平衡区域经济发展等宏观就业政策的配套实施，各项劳动法律法规制度的不断完善，强化政府对企业组织的监督管理职能，不断健全统筹城乡就业服务体系，建立基层社区农民工管理服务机构，依托社区治理实现对农民工群体的有效就业保护；规范企业组织行为，打造以人为本的企业文化，实施以劳动合同为依据的企业劳动用工模式，建立农民工工龄-工资增长挂钩机制，严格执行各项社会公共就业政策，认真履行企业社会职责；充分发挥工会职能，建立适合农民工群体加入的基层工会组织，依托集体协商谈判制度，努力提高农民工劳动收入；增加农民工自身人力资本和社会资本投资，提高其就业能力等举措来促进农民工体面就业水平的不断提高。

### 8.1.2 提高农民工劳动技能是农民工实现体面就业的基础

研究结果表明，初级劳动技能以下的农民工占比为 89.67%，且农民工劳动技能对其体面就业有正向显著影响关系，即劳动技能越高，体面就业综合评价得分越高，这就要求政府和企业加大对农民工劳动技能培训的力度。一是要培育多元化的培训主体。通过各种优惠政策鼓励各职业学校、社会培训机构等成为农民工职业技能培训的主体，强化农村基础教育和职业技术教育，有效提高农民工的劳动技能。二是要落实农民工培训资金，尽量做到资金专用，部分项目可以实行农民工免费培训，有效促进农民工劳动技能培训的有序开展。三是企业组织要建立适合农民工群体的工作培训制度，培训时间和时长要合理，培训内容要契合工作需要，真正做到有效培训。四是企业要通过各种制度鼓励员工参与成人继续教育，建立学习型企业组织。五是农民工自身要积极参加各种技能培训，提高自身劳动就业能力。

### 8.1.3 规范劳动关系管理是农民工实现体面就业的前提

从第五章的权重赋值前 10 名排序中可知，农民工的劳动权益侵犯排在第 2 位；从第六章的职业流动角度分析，农民工体面就业水平与流动次数呈倒"U"形关系，即他们在开始第一、第二次流动时，目的是向生存保障、安全保障、尊严保障更好的职业或行业或地区流动，到第五次以上流动时，他们的职业或行业所提供的生存保障、安全保障或尊严保障将呈向下或逆流的态势。研究结果表明，农民工就业稳定性和劳动权益保障对农民工体面就业实现程度有显著影响关系。这就要求政府和企业组织必须规范劳动关系管理。一是政府要通过各种优惠政策适当加强对企业组织的有效支持，使企业有能力给农民工提供体面就业组织支持；二是加强农民工的相关劳动立法，使其劳动权益受到保护；三是强化对企业组织的劳动用工制度的监督管理，完善监督机制，使企业的劳动用工制度有法可依；四是企业组织在为农民工提供就业支持时，要积极践行体面就业理念，提高农民工就业质量，加强与农民工的平等协商与沟通，从而推动农民工体面就业水平提高。

### 8.1.4 消除就业歧视是农民工实现体面就业的重心

从农民工体面就业整体指数方面分析，公平就业得分为 69.98 分，说明农民工在就业歧视方面还存在很大问题；从性别角度分析，女性劳动者的体面就业评价水平均小于男性；从年龄角度分析，50 岁以上农民工的体面就业状况堪忧，其体面就业指数远远低于整体平均水平，得分只有40.97 分，这与国际劳工组织提出体面劳动的初衷是解决在全球化过程中劳动关系方面的正义与公平问题相悖的。同时，本书通过政府职能与运行效率对其体面就业影响的边际效应分析同样表明，政府应加大就业歧视立法和监督管理企业组织的劳动用工制度执行情况非常必要。

### 8.1.5 推动地方经济平衡发展是农民工实现体面就业的先决条件

研究结果表明，东部地区农民工体面就业综合指数水平得分明显高于中西部地区，且通过相关性分析发现，地区经济发展水平对农民工体面就业有显著影响。因此，必须要求政府应适时调整区域经济发展总体战略，规划区域经济整体发展方向，改善投资环境，推进各种经济体制创新，促进区域经济协调发展；同时，在不影响市场机制运行的情况下，通过财政或金融方面的投资倾斜，通过税收优惠制度、转移支付制度和政府公共投资等制度创新来促进中西部经济高质量发展，为中西部农民工体面就业提供经济制度支持。

### 8.1.6 提高劳动报酬是农民工实现体面就业的核心

农民工体面就业水平提高主要表现其劳动收入水平提高。从第五章的权重赋值前 10 名排序中可知，农民工的劳动报酬排在第 1 位，权重赋值是反映各评价因素对总目标的影响程度。一是充分说明劳动报酬是影响农民工体面就业的关键因素，能在一定程度上影响农民工工作积极性和稳定性，较好的劳动报酬能激励员工更加努力地工作，从而提升组织绩效；二是要建立健全农民工工资水平及工资增长的长效机制，根据地方经济水平逐步提升最低工资标准；三是要加大对企业的监管力度，让企业依法规范劳动用工制度；四是要努力提高农民工自身职业技能水平。

### 8.1.7　建立城乡统筹的社会保障制度是农民工实现体面就业的基本保障

从第五章的权重赋值前 10 名排序中可知，医疗保险与养老保险都位居前列。目前，我国农民工参与城市职工社会保险率较低，直接影响了农民工合法劳动权益和体面就业水平。一是要尽快实行农民工工伤保险全覆盖，然后分类分层推进农民工医疗保险、养老保险和失业保险的全覆盖；二是要监督企业依法落实住房公积金制度的实施，敦促企业自觉按规定为农民工缴纳住房公积金，将长期稳定在城市就业的农民工纳入住房公积金制度实施范围。

### 8.1.8　组建适合农民工加入的工会组织是农民工实现体面就业的组织保障

研究结果表明，加入工会组织的农民工体面就业水平得分比没有加入工会组织的农民工体面就业水平得分高出 23.20 分，有 89.13% 的农民工没有加入工会组织。目前，我国工会组织由于身份和经济的不独立导致其实际具有的效用得不到发挥，对农民工体面就业的积极作用还未显现，同时大部分农民工所就业的民营和私有企业根本没有能力组建工会。对于流动性较大的农民工来说，也没有适合的工会组织可以加入，很难在企业管理实践中真正发挥其效用。在此情形下，政府应该加大力度敦促企业组织组建工会。同时，还可以通过社区、行业等组建适合农民工加入的工会组织，积极探索如何充分发挥工会组织效用的有效途径，提高农民工的地位和体面就业水平。

### 8.1.9　构建以劳动合同为依据的企业劳动用工模式是农民工实现体面就业的治本之策

研究结果表明，农民工体面就业实现程度主要取决劳动报酬、劳动时间、社会保障、劳动保护、劳动环境和职业发展等企业劳动用工制度，这些劳动用工制度都应该明确规定在劳资双方签订的劳动合同中。这就需要政府和企业组织通力合作。一是各地方政府及相关部门应该指导与敦促企业做好农民工劳动合同管理工作，实行劳动合同的签订、续订、终止、变更与解除等工作的动态管理；二是要明确企业责任主体地位，不管什么类型的企业劳动合同签订都是其用工的首要条件，对劳动合同签订负主体责任，否则将视为违法；三是要强化对企业劳动用工制度的监管，对于不签订劳动合同或违法解除劳动合同的企业，应该加大行政处罚力度；四是劳动保障部门应该根据实际情况，探索制定适合不同职业类型农民工的劳动合同范本，将劳动报酬、社会保障、劳动时间、劳动条件、劳动保护、职业发展等内容统一纳入不同类型的劳动合同范本进行规范管理。

## 8.2 对策思考

新常态下农民工体面就业存在诸多问题，因此，探讨实现农民工体面就业的策略显得尤为迫切和必要。政府部门应加快农民工就业管理制度改革，进行政策引导和信息支持，完善劳动法律法规，加大劳动执法监督检查力度，破除农民工体面就业的各种制度性障碍；同时，要规范企业的劳动用工制度，纠正企业在实际用工方面违反国家相关的政策和法规规定行为，农民工所就业的企业基本上是以小微企业为主的，小时工、自我雇佣、劳务输出等用工形式所占的比重较高，签订劳动合同、给农民工缴纳社会保险、参加企业培训等所占的比重较低，严重地损害了农民工的基本劳动权益。本书将通过改善就业环境、劳动用工环境，充分发挥农民工工会组织职能和努力提高自身素质，构建政府、企业、工会和劳动者等多方合作型体面就业新模式来提高农民工体面就业水平。

### 8.2.1 强化政府职能，改善农民工就业宏观环境

#### 8.2.1.1 充分挖掘社会就业资源，为农民工提供充足的就业机会

一是积极推进产业结构优化升级，大力发展第三产业和劳动密集型产业。政府应该加大对中西部地区的信贷、财政补贴和税收等经济政策的支持，加大对农民工所在的民营和私有企业的减免、优惠等税收政策扶持力度，加强劳动立法和监督管理企业组织的劳动用工制度，对企业组织要进

行政策干预引导，为农民工提供充足的就业岗位。二是政府应充分挖掘社会就业资源，为农民工提供充足的就业机会。三是政府要协同企业组织消除就业待遇限制，建立公平、统一、竞争有序的劳动力市场制度，真正实现农民工体面就业。

### 8.2.1.2 加快推进户籍制度改革和健全居住证制度，打破农民工体面就业的各种户籍限制

由于农民工在城市工作但不具有城市户籍的双重身份特征，在就业方面经常受到各种不公正的待遇。政府应该加快推进户籍制度改革，健全居住证制度，逐步实行由居住证转换为城镇户籍的制度安排；各地方政府应该根据自己区域的实际情况，制订农民工城镇安家落户计划，并纳入当地社会经济发展规划，逐步改变农民工"城乡边缘人"局面，实现其体面就业。

### 8.2.1.3 加强相关劳动法律法规制度体系建设，为农民工体面就业提供法治保障

目前，我国相关的劳动法律法规体系建设还不完善，现行的劳动法律法规部分内容还缺少完整性、协调性，很容易让处于劳动关系弱势地位的劳动者的劳动权益受到侵害。如我国颁布的《劳动合同法》，对具有一定规模以上的企业组织具有一定的约束力，但对于农民工比较集中的民营和小微企业以及个体工商户的约束力不强。这充分说明现有的劳动法律法规在内容上没有充分考虑农民工这个群体的特殊性，也没有专门针对农民工群体的相关劳动法律法规出台。要做到对全社会成员管理有法可依，政府应加快对农民工的立法保护，建立农民工劳动法律法规体系，把农民工就业关系纳入法治化轨道，切实保护农民工的就业权益，提高其体面就业水平。

### 8.2.1.4 强化政府的监管职能，完善各种监管机制

政府应该积极强化各种监管措施，努力维护农民工的就业权益。一是各监督检查机构要加强与工商、人事、公安、安监等部门的沟通和协作，加强对企业的监督管理，避免劳动执法手段单一；二是要完善劳动监管制度，用制度手段约束与规范企业组织的各种用工行为，使农民工的劳动就业关系运行建立在公平合理的制度基础上；三是加大对企业组织的监管力度，主要针对企业组织拖欠工资、无故克扣工资、薪酬福利不平等行为实

行跟踪治理，建立企业组织劳动关系纠纷预警机制、相关劳动部门联动机制和综合监督机制；四是积极推进行业性、区域性劳动仲裁机制建设，从劳动争议的源头抓起，维护农民工的劳动权益；五是完善信访制度，认真落实领导带案下访、公开接待等信访制度，畅通农民工劳动诉求通道，有效地维护农民工的劳动权益，从而提高农民工体面就业水平。

8.2.1.5　加强农民工就业市场制度建设，依法保障农民工的劳动权益

一是加强劳动力就业市场建设，保障农民工的合法劳动权益，疏通就业信息传递途径，使农民工逐步改变过去那种完全依赖强关系型社会资本实现就业的途径。二是建立健全农民工劳动就业服务体系和城乡统筹的利益均衡机制，规范企业用工制度的合法性和用工信息的公开性。三是建立农民工工资集体协商制度，适当提高农民工工资水平，增强农民工对企业的归属感和认同感，提升企业的凝聚力和农民工的工作积极性。因此，政府应建立农民工工资集体协商制度，促使企业规范劳动报酬用工制度。四是建立农民工工资支付保障制度，完善企业的劳动用工监察机制，对于拖欠和克扣农民工工资的用工企业应加大处罚力度和劳资纠纷的调处力度。

8.2.1.6　加强农民工的社会保障体系建设，为农民工体面就业提供
　　　　基础保障

一是各地方政府要适当扩大就业保护和社会救助的范围、规模，对因特殊原因没有签订劳动合同的农民工，要将他们纳入现居住地社会保障统筹范围，使他们在就业保障方面与城镇就业人员享受相同的权利；二是建立就业地用工制度，构建多层次城镇社会保障体系，采用激励机制调动用工单位与农民工缴纳社会保险费的积极性，逐步将其纳入城镇职工社会保障范围；三是从长期来看，努力做好农民工的社会保障改革成为必要，应以工伤、医疗、失业和养老保险为重点，大力推进农民工参保；在制度设计上，改革基于明确雇佣关系的就业保护和社会保障，打破过去那种社会保障体系的身份、单位和地区等限制，转向以居民为基础的就业促进和社会保障模式，建立统一的社会居民保障体系；政府应该根据实际情况对用人单位实施社会保障补贴，真正实现以全民保险的构建逐步替代职工保险的构架；由于农民工具有流动性的特点，在制度设计上要保障其社会保险权益可以方便转移接续，真正保障其合法劳动权益。

### 8.2.1.7 平衡区域经济发展，为农民工体面就业提供有效的经济制度支持

从区域经济学视角分析，区域经济之间的平衡发展不等于平均发展，区域经济之间存在一定差距不可避免，但这种差距应该控制在一定范围才是合理的[①]。这种区域经济发展差异必须得到及时有效的调整，否则将会导致东部地区资源过度集中化，使得本来经济就不发达的中西部地区的人力、技术和资金更加恶化，本来就缺少人力、财力和技术的中西部民营中小企业则将举步维艰。因此，政府应适时调整区域经济整体发展战略，推进各种经济体制创新，改善投融资环境，平衡区域经济发展，通过财政或金融方面的投资倾斜，以及税收优惠、转移支付和政府公共投资等制度创新来促进中西部经济高质量发展，为中西部农民工体面就业提供经济制度支持。

## 8.2.2 建立健全统筹城乡的公共就业服务体系，为农民工体面就业提供广泛的就业服务

### 8.2.2.1 构建多方协同治理机制，保障农民工体面就业

体面就业是指劳动者在安全、自由、公平和具有人格尊严的条件下，为劳动者提供充足的就业机会、完善的社会保障体系、公平的就业待遇以及加强政府、企业、工会和劳动者多方协调治理来保障体面就业的有效实现。政府应该加大劳动执法监察力度，完善劳动法律法规，各级劳动监察执法部门要积极督促各企业按照《劳动合同法》的规定，依法与农民工签订劳动合同。劳动合同要依法确立劳动报酬、劳动期限、劳动条件、劳动保护、社会保险及违反合同的相关责任等内容。要做好农民工的劳动权益保护的法律宣传工作，建立清晰稳定的权责劳动关系，切实保障外出农民工的就业权益；各用工单位要转变经营理念，合法支付农民工的劳动报酬，做好农民工的安全健康保护，建立柔性管理制度，合理安排劳动生产计划，自觉为农民工缴纳社会保险，切实保护农民工的合法劳动权益；各工会组织要积极做好农民工的劳动权益保障工作，包括稳岗、失业救助、停工停产期间的工资支付、职业介绍和就业援助等就业权益的保障，帮助更多农民工实现稳定就业，保障其合法劳动权益；农民工自身也应该积极

---

① 章奇. 中国地区经济发展差距分析 [J]. 管理世界，2010 (1)：105-110.

行动起来，积极参加各种劳动技能培训，提升就业能力；自觉参加工会组织，依法维护自身劳动权益。形成政府、企业、工会和劳动者自身多方协同治理模式，加强与各方沟通和合作，有效保障农民工的合法劳动权益，实现其体面就业。

### 8.2.2.2 深入推进城市社会管理体制改革，提高农民工就业公共服务水平

政府应该通过立法的形式促进城市农民工的就业服务管理体制改革，重新确立城市各相关政府部门的工作职责和服务内容，规范各相关政府职能部门的管理服务行为，推进城市社会服务管理的制度化建设；各政府行政管理部门之间应形成联动机制，统筹协调农民工的就业服务、职业培训、社会保障、劳动争议协商、居住证等相关管理工作，努力推动农民工体面就业的实现。

### 8.2.2.3 建立基层社区农民工管理服务机构，依托社区治理实现对农民工群体的有效就业保护

各地方政府应该建立城市基层社区农民工管理服务机构，明确社区管理服务职责，优化基层社区绩效考核体系，实现政府公共管理服务下沉社区，尤其是农民工在城市的居住、就业等刚需方面，社区要为失业或失去收入来源的农民工提供日常生活必需品和医疗保健服务等，搭建互通互助机制平台，纳入社区管理体制范畴；对有就业困难的农民工，社区可以通过公益性岗位安排托底；监督和敦促辖区内的企业为农民工提供从工作到生活的全面关怀与支持，如稳岗用工、社会保险与企业停工待遇等政策措施在辖区企业的真正有效实施，充分发挥农民工居住地所在基层政府组织的效用。

### 8.2.2.4 着力践行基层管理人员服务理念，提高其管理服务能力

定期引导和培训基础管理服务人员，践行其服务理念，提高对自身岗位重要性认知；设立社区农民工服务管理专职岗位，可享受基层事业编制，相关任职人员在考核、晋升等方面可以优先考量，工资待遇可以由上级行政管理部门统筹安排，让他们能够安心地把对农民工的管理服务工作作为心仪的事业；做到全覆盖社区网格管理，农民工及家庭同时被并入网格社工的工作，充分做好网格内农民工及家庭的社会治安、公共卫生、社会救助和就业服务与管理等工作。

### 8.2.3 规范企业行为，改善农民工劳动用工环境

#### 8.2.3.1 企业应履行社会职责，严格执行各项社会公共政策

企业作为员工管理的主体单位，一是要建立科学合理的用工制度与民主管理体系，尊重农民工的建议及诉求，引导农民工主动参与企业的民主管理，提高其对所在企业的组织归属感和满意度，这不仅关系到企业自身的长远发展，也关系到农民工体面就业的真正实现；二是企业要消除一些就业不公平和歧视现象，要做到与农民工签订劳动合同，给农民工缴纳社会保险，尽量减少加班时间。对于必须要加班的工种要按月按量额外发放加班费，做到同工同酬，不拖欠农民工工资。针对一些比较危险的职业，要做好岗前培训工作，对农民工的安全、健康和工作生活负责。

#### 8.2.3.2 建立以劳动合同为依据的企业劳动用工制度

各地方政府及相关部门应该积极敦促和监督各企业组织做好农民工的劳动合同管理工作，实行劳动合同签订、变更等存档实名制和动态管理。劳动合同管理工作的重点主要是在劳动合同的签订及规范管理上，着重应该做到以下两点：一是要明确企业责任主体地位。建立以劳动合同为依据的企业劳动合同用工制度，明确不管什么类型的企业或个体经营组织，劳动合同签订是其用工的首要条件，对劳动合同签订负主体责任，否则将视为违法。二是要强化对企业劳动用工制度的监管。对于不签订劳动合同或违法解除劳动合同的企业，应该加大行政处罚力度；劳动保障部门应该根据实际情况，探索制定适合不同职业类型农民工的劳动合同范本，明确企业对劳动内容、劳动条件、劳动报酬、劳动保护、社会保障和职业危害等的告知义务；对于那些既成事实的劳动关系但根本没签订劳动合同的，均应视为无固定期限劳动合同，从而真正建立起以劳动合同为依据的企业劳动用工制度。

#### 8.2.3.3 构建农民工工龄-工资增长挂钩机制，提高农民工的劳动报酬

目前，我国劳动力市场依然存在"招工难"和"就业难"的双重困境。在工资确立方面，农民工仍然处于弱势地位。为了改变农民工工资的"天花板"效应，企业应该积极探索和推进薪酬激励制度改革，实行农民工服务年限、绩效增长与工资增长挂钩，在企业效益提高的基础上增加农民工劳动报酬，提升农民工对企业的满意度。同时，杜绝企业随意压低、克扣和拖欠农民工工资等违法行为，要经常关注农民工家庭的经济状况，

努力为农民工提供帮助。

#### 8.2.3.4 打造以人为本的企业文化，促进社会和谐劳动关系形成

以人为本的企业文化理念是企业组织凝聚力积聚的根源，以人为本的企业文化要求企业组织在管理方面要更加人性化，把农民工当作企业的主人，主动关心农民工，帮助和支持他们不断提高劳动技能，善于发现他们的优点和可挖掘的潜能。对于一些有能力的农民工，要做到有才必用、任人唯贤；对于一些生活或经济上有困难的农民工，要给予经济方面的支持；对于一些农忙时需要返回农村的农民工，要给予一定的带薪休假等，通过采用一些好的举措稳定员工队伍。企业组织还应该从精神层面上关心和丰富农民工的业余文化生活，可以结合一些生产实际建设一些适合农民工的精神文化娱乐设施，如乒乓球室、电视室、棋牌室、篮球场、阅览室等，让农民工在休闲时也可以通过读书、健身、看电视等娱乐活动提高自身休闲文化素养和组织归属感，从而构建社会和谐劳动关系。

### 8.2.4 充分发挥工会的职能，提高农民工的劳动收入

作为起着上传下达、沟通桥梁作用的工会组织，应充分发挥其组织效能，对上应该积极主动地代表农民工向上级反映农民工的劳动诉求，协助企业完善工资集体协商机制、带薪休假制度、社会保障制度等，切实提高农民工的劳动收入；对下应该积极主动地代表企业组织向农民工宣传企业组织经营理念，让农民工主动融入企业组织文化建设中，为企业组织建设献计献策，提高农民工对企业组织的归属感与认同感。

#### 8.2.4.1 大力培育与发展基层工会组织，保障农民工的合法劳动权益

工会是维护工人阶级利益的自治群众组织，农民工作为工人阶级的重要组成成员，有权加入工会，保障其自身合法劳动权益。农民工人数众多、流动性大、工作分散，以及他们所就业的中小企业或小微企业根本就不具备组建工会的能力，各地方政府要因地、因企制宜地大力培育与发展基层工会组织。针对农民工主要居住在社区的优势，要积极组建社区工会，从而吸纳在社区企业就业的农民工加入工会组织；对于流动性大的农民工，应以职业为特点组建职业工会、行业工会或区域工会等，改变过去那种单个企业单一入会模式，转向由市场、行业和社区工会拓展的多元入会模式。各工会应着力解决农民工的各种实际困难，包括稳岗、失业救助、停工停产期间的工资支付、职业介绍和就业援助等就业权益的保障，

帮助更多农民工实现稳定就业,保障其合法的劳动权益。

8.2.4.2　着力完善集体协商谈判制度,提高农民工的劳动收入水平

由于农民工群体就业存在流动性大和不稳定等特点,工会组织应根据《关于开展区域性行业性集体协商工作的意见》的规定:"扩大行业性、区域性集体谈判范围",指导与监督企业组织在劳动时间、劳动环境、劳动条件和薪资报酬等方面的具体实施行为,积极开展计件工资单价、劳动定额标准、加班工资、无故拖欠克扣工资等内容的集体谈判,迫使企业提高农民工的劳动收入水平。同时,工会组织应该与企业组织通力协作,在集体协商谈判过程中,要求企业组织在经济效益提高的基础上建立农民工工资增长制度,提高农民工的劳动收入水平。

## 8.2.5　增加农民工人力资本和社会资本投资,努力提高农民工就业能力

作为处于弱势地位的农民工,体面就业水平完全取决于自身的人力资本和弱关系型社会资本存量。高人力资本劳动者更易通过公平竞争方式获取更高质量的就业岗位,从而获取更高社会网络关系质量的弱关系型社会资本,使农民工体面就业水平提高。政府和企业应该通力合作,结合企业实际,大力开展具有专业性和针对性的农民工职业技能培训;农民工自身也要积极参加各种培训,不断地从干中学提高自身职业素养,依法维权,积极参与组织民主管理、主动为企业承担社会责任,从而提高自身体面就业水平。

8.2.5.1　开展形式多样的职业技能培训

农民工的劳动技能既关系到自身的职业发展,也关系到社会与企业的效益提升。一是政府要加大对农民工职业培训的财政投入,建立培训成本分摊机制,实现对农民工劳动技能免费培训,并实行对已经培训结业的农民工进行一定的培训补贴或奖励,吸引广大农民工积极参与劳动技能培训,提高其就业能力;二是要完善农民工职业培训机构的准入制度,强化对其进行考核管理,明确培训机构的考核标准,将培训机构建设纳入制度化建设范围;三是要科学设置培训内容,除了进行理论知识培训外,还应该注重实操技能的培训,奉行"低进高出"理念,即培训进入低门槛,培训考核高标准,让农民工学有所用;四是企业应该开展形式多样的劳动技能培训,使用企业自身的培训资源,或者加强企业与职业技术学校的合

作，可以让农民工进入职业技术学校接受培训，提高农民工的就业能力，从而实现农民工体面就业。

### 8.2.5.2  充分发挥农民工社会资本的优势作用

农民工社会资本分为强关系型社会资本和弱关系型社会资本，应充分发挥各自的优势作用。农民工的强关系型社会资本主要来自家乡的亲缘和熟人，由于外出务工会导致这种社会资本发生贬值，农民工应该通过感情、金钱或时间等方面的社会资本投资，强化强关系型社会资本，取得较高的社会资本回报；但是，农民工的这种强关系型社会资本同质性严重，导致他们很难从同质性社会资本中取得有利资源，因此他们必须在维护好强关系型社会资本的条件下，积极融入城市社会，扩大交往对象，在政府、企业、社区和工会组织的多方协同治理下，建立多重社会连接，构筑起异质性更强的有效的弱关系型社会资本；努力搭建多方协同的就业服务平台，真正发挥农民工弱关系型社会资本对其体面就业的积极作用。

# 参考文献

[1] 曹兆文，黎春竹. 农民工的工作稳定性及其影响因素分析 [J]. 重庆理工大学学报，2019，33（5）：49-61.

[2] 曹兆文. 国际劳工组织体面劳动衡量指标探要 [J]. 人口与经济，2011（6）：57-61.

[3] 陈海玲. 企业员工工作生活质量及其组织承诺的关系研究 [D]. 郑州：河南大学，2006.

[4] 陈静. 城镇非正规就业群体的体面劳动衡量指标体系构建研究 [J]. 经济学家，2014（4）：102-104.

[5] 陈静. 体面劳动视角下城镇非正规就业群体劳动权益保障研究 [M]. 成都：西南财经大学出版社，2015.

[6] 陈晓强. 构建和谐的劳动关系 [J]. 群众，2007（9）：55-56.

[7] 程延园. 劳动关系 [M]. 北京：中国人民大学出版社，2011

[8] 丛胜美，张正河. 粮作农民"体面劳动"指标体系建设：基于河南省 1803 份问卷 [J]. 农业经济问题，2016（7）：90-97.

[9] 德加·法伊格. 地下经济学 [M]. 郑介甫，等译. 上海：上海三联书店出版社，1993.

[10] 丁金宏，冷熙亮. 中国对非正规就业概念的移植与发展 [J]. 中国人口科学，2001（6）：8-15.

[11] 丁越兰，周莉. 中国情境下多层面体面劳动测量指标体系研究 [J]. 经济与管理，2013（10）：18-22.

[12] 国家统计局. 2019 年农民工监测调查报告 [N]. 中国信息报，2020-04-30.

[13] 国家统计局住户调查办公室. 中国住户调查年鉴 2019 [M]. 北

京：中国统计出版社，2019.

[14] 哈罗德·克博. 社会分层与不平等：历史、比较、全球视角下的阶级冲突 [M]. 蒋超，等译. 上海：上海人民出版社，2012.

[15] 胡凤霞. 城镇劳动力非正规就业选择研究 [D]. 杭州：浙江大学，2011.

[16] 靳雄步. 我国农民工群体特征及社会保障研究 [D]. 长春：吉林大学，2014.

[17] 吕红，全喜在. 中国体面劳动水平测量及变动趋势分析 [J]. 当代经济研究，2014 (6)：45-49.

[18] 马存根. 医学心理学 [M]. 北京：人民卫生出版社，2000.

[19] 马克思，恩格斯. 马克思恩格斯文集：第 2 卷 [M]. 北京：人民出版社，2009.

[20] 马克斯·韦伯. 社会学的基本概念 [M]. 顾忠华，译. 上海：上海人民出版社，2000.

[21] 孟大虎，苏丽锋，欧阳任飞. 中国和谐劳动关系指标体系构建及评价：1991—2014 年 [J]. 中国人力资源开发，2016 (7)：74-82.

[22] 孟浩，王仲智，杨晶晶. 中国大陆体面劳动水平测度与空间分异探讨 [J]. 地域研究与开发，2015 (3)：19.

[23] 钱芳，陈东有. 农民工就业质量测算指标体系的构建 [J]. 江西社会科学，2013 (9).

[24] 钱怡. 马斯洛需要层次理论对高素质医学人才的激励和指导作用 [J]. 西北医学教育，2006 (3)：189-192.

[25] 卿涛，刘爽，王婷. 体面劳动与敬业度的关系研究：内在动机、心理需求的作用 [J]. 四川大学学报 (哲学社会科学版)，2016 (5)：134-143.

[26] 卿涛，彭天宇，罗键. 企业知识员工工作生活质量结构维度探析 [J]. 西华大学学报 (哲学社会科学版)，2007 (10)：58-61.

[27] 卿涛，章璐璐，王婷. 体面劳动测量及有效性检验 [J]. 经济体制改革，2015 (4)：195-200.

[28] 人力资源和社会保障部. 关于进一步做好 2017 年就业重点工作的通知 [N]. 2017-03-21.

[29] 任晓雅，汪丽萍. 体面劳动视角下推进农民工实现更高质量就业的对策 [J]. 河北软件职业技术学院学报，2019 (12)：60-63，72.

［30］申晓梅，凌玲.体面劳动的多层面测评指标体系建设探析［J］.中国劳动，2010（11）：23-25.

［31］宋国学.中国社会体面工作的衡量指标体系研究［J］.生产力研究，2010（1）：150-151.

［32］孙泽厚，周露.工作幸福感与工作生活质量及工作绩效的关系研究［J］.统计与决策，2009（11）：92-94.

［33］万华，卢庆辉.江西民营企业劳动关系评价指标体系设计［J］.华东交通大学学报，2008（6）：93-98.

［34］王海娟.农民工"半城市化"问题再探讨［J］.现代经济探讨，2016（9）：35-37.

［35］王震.新冠肺炎疫情冲击下的就业保护与社会保障［J］.经济纵横，2020（3）：7-15，2.

［36］魏下海，董志强，黄玖立.工会是否改善劳动收入份额：理论分析与来自中国民营企业的经验证据［J］.经济研究，2013（8）：16-28.

［37］吴丽萍.国外经验背景下我国劳动者职业安全的法律保护［J］.江南社会学院学报，2010（2）：76-80.

［38］习近平.努力让劳动者实现体面劳动、全面发展［EB/OL］.（2013-04-29）［2022-10-09］.http：//www.ce.cn/xwzx/gnsz/szyw/201304/28/t20130428_24337576.shtml.

［39］熊顺朝.我国企业员工体面劳动模式的制度保障研究［C］.政府管理创新理论与实践研讨会论文集，2011.

［40］徐岩，刘盾.体面劳动的内涵与结构之再建构：对北京市271名工作者的质性访谈研究［J］.社会科学，2017（6）：59-70.

［41］于米.人力资本、社会资本对女性农民工体面劳动的影响：心理资本的调节作用［J］.人口学刊，2017，39（3）：97-105.

［42］约翰·罗尔斯，正义论［M］.何怀宏，译.北京：中国社会科学出版社，1998.

［43］詹姆斯·斯科特.农民的道义经济学：东南亚的反叛与生存［M］.程立显，刘建，译.南京：译林出版社，2001.

［44］张安顺.和谐劳动关系的基本特征［J］.中国工运，2005（10）：34-35.

［45］张国庆.国际劳工局关于体面工作的概念及其量化指标［N］.

中国劳动保障报, 2003-09-02.

[46] 张洪霞, 崔宁. 新型城镇化进程中新生代农民工就业转型问题研究 [J]. 中国劳动, 2015 (2): 20-24.

[47] 张琳, 杨毅. 家政女工体面劳动赤字的社会排斥分析: 基于武汉市的调查 [J]. 湖北社会科学, 2014 (12): 52-58.

[48] 赵明霏, 王珊娜. 外出农民工就业质量的变化趋势及特征分析: 基于流动人口动态监测调查数据的研究 [J]. 山东工会论坛, 2020, 26 (2): 1-11.

[49] 朱飞, 胡瑞博. 企业劳动关系管理研究在中国: 改革开放 40 年来研究的回顾与述评 [J]. 中国人力资源开发, 2018, 35 (10): 83-96.

[50] ALOIS. Work organization, a dimension of job quality: Data from the ad hoc module of the 2001 labour force survey in the EU [J]. Invited paper submitted by Euro stat to the joint UNECE-Eurostat-ILO Seminar on Measurement of the Quality of Employment, Geneva, 2002 (5): 27-29.

[51] ANKER, RICHARD, IGOR CHERNYSHEV, et al. Measuring decent work with statistical indicators [J]. International Labour Review, 2003 (2): 147-178.

[52] BARRIENTOS, PAOLA. Analysis of International Migration and Its Impacts on Developing Countriesp [N]. Development Research Working Paper, Series, 2007-12-01.

[53] BECKER. Investment in Human Capital: A Theoretical Analysis [J]. Journal of Political Economy, 1962 (5): 9-49.

[54] BONNET, FIGUEIREDO, STANDING. A family of decent Work Indexes [J]. International Labour Review, 2003 (2): 213-238.

[55] CASTELLS, MANUEL, PORTES, The informal economy: studies in advanced and less developed countries [M]. Baltimore: Johns Hopkins University Press, 1989.

[56] CLARK, ANDREW. Your money or your life: changing job quality in OECD countries [J]. British Journal of IndustrialRelation, 2005(3): 377-400.

[57] DALY. Beyond growth the economics of sustainable development [M]. Boston: Beacon Press, 1996: 25-76.

[58] DAVID BESOND, ANNE CHATAGNIER, FARHAD MEHRAN.

Seven indicators to measure decent work: an international comparison [J]. International Labor Review, 2003, 42 (2), 179–211.

[59] DENISON EDWARD. How to raise the high employment growth rate by one percentage point [J]. The American Economic Review, 1962, 52 (2): 67–75.

[60] DIAMOND, GOMEZ. African American parents, educational orientations: the importance of social class and parents, perceptions of school [J]. Education and Urban Society, 2014, 36 (4): 383–427.

[61] DUFFY, ALLAN, England, et al. The development and initial validation of the decent work scale [J]. Journal of Counseling Psychology, 2017, 64 (2): 206–221.

[62] EUROPEAN COMMISSION. The employment in europe report 2008 [R]. European Commission, Directorate-General for Employment and Social Affairs, Brussels, 2008.

[63] FERRARO, PAIS, DOS, et al. The decent work questionnaire: development and validation in two samples of knowledge workers. International Labor Review, 2018, 157 (2): 243–265.

[64] FINGLETON, ENRIQUE. Empirical growth models with spatial effects [J]. Papers in Regional Science, 2007, 85 (2) : 177–198.

[65] FREDRIC, SCHROEDER, What is high quality employment work [J]. Work place issues and placement, 2007, Vol. 29 (4).

[66] FUKUYAMA F. Social capital, civil society and development [J]. Third World Quarterly, 2001, 22 (1): 7–20.

[67] GARYS BECKER. Human capital: a theoretical and empirical analysis with special reference to education [M]. Columbia University Press, New York, 1964: 15–16.

[68] GHAI. Social security: learning from global experience to reach the poor [J]. Journal of Human Development, 2003: 125–150.

[69] HART. Informal income opportunities and urban employment in Ghana [J]. Journal of Modern African studies, 1973 (11): 61–89.

[70] INTERNATIONAL, LABOUR, ORGANIZATION. Decent work indicators: concepts and definitions [M]. ILO Manual, First edition, Geneva,

2012.

[71] J EDWARD TAYLOR, SCOTT ROZELLE, ALAN DE BRAUW. Migration and incomes in source communties: a new economics of migration perspective from China [J]. Economic Development and Culture Change, 2003 (52): 75-101.

[72] JAMES COLEMAN. Social capital in the creation of human capital [J]. American Journal of Sociology, 1988, 94 (5): 95-121.

[73] JOHNSON, GALE. Provincial migration in China in the 1990s [J]. China Economic Review, 2003 (14): 22-31.

[74] JORGENSON. The development of a dual economy [J]. The Economic Journal, 1961 (282): 309-334.

[75] LESCHKE, WATT. Challenges in constructing a multi-dimensional european job quality index [J]. Social Indicators Research, 2014 (1): 1-31.

[76] LEWIS. Economic development with unlimited supplies of labor [J]. Manchester School of Economic and Social Studies, 1954, 22 (2): 139-191.

[77] MASAHISA FUJITA, DAPENG HU. Regional disparity in China 1985—1994: the effects of globalization and economic liberalization [J]. The Annals of Regional Science, 2001, 35 (1) : 3-37.

[78] MASSEY, DOUGLAS, MARY, et al. Gender and international migration in Latin America [J]. Proceedings of the National Academy of Sciences, 2004 (8): 25.

[79] MINCER. Investment in human capital and personal income distribution [J]. Journal of Political Economy, 1958, 66 (4): 281-302.

[80] PAUL KRUGMAN. Increasing Returns and Economic Geography [J]. The Journal of Political Economy, 1991 (3): 483-499.

[81] PIORE. The dual labor market: theory and applications [M]. Cambridge: Mass Winthrop, 1970: 156-162.

[82] POUYAUD. For a psychosocial approach to decent work [J]. Front Psychology, 2016, 7: 422.

[83] R HARRIS, TODARO. Migration, unemployment and development: a two-sector analysis [J]. American Economic Review, 1970 (60): 2.

[84] RAINS, FEI. A theory of economic development [J]. The American

Economic Journal, 1964, 71 (28): 309-334.

[85] RICHARD BRISBOIS. The quality of work – an international perspective [J]. How Canada Staeks up, 2003 (23): 86-94.

[86] RITTER, JOSEPH, RICHARD ANKER. Good jobs, bad jobs: Workers' evaluations in five countries [J]. International Labour Review, 2002, 141 (4): 331-358.

[87] STARK, BLOOM. The new economics of labor migration [J]. The American Economic Review, 1985 (2): 173-178.

[88] TAYLOR, EDWARD, MARTIN. Human capital: migration and rural population change, chapter 9 of handbook of agricultural economics [M]. New York: Published by Elsevier Science, 2001.

[89] THEODORE SCHULTZ. Investment in human capital [J]. American Economic Review, 1961 (51): 1-17.

[90] TODARO. A model of labor migration and urban unemployment in less developed countries [J]. American Economic Review, 1969 (3): 5.

[91] TODARO. Internal migration in developing countries [M]. Geneva: International Labor Office, 1976.

# 附录 A  农民工体面就业评价
## 调查问卷 (一)

（调查对象：进城务工人员）

问卷编号：

调查 人：

调查地区：

尊敬的朋友：

您好！

我们是×××××国家社会科学基金项目《新常态下农民工体面就业评价指标体系及实现机制研究》课题组成员，我们目前正在进行有关你们体面就业方面的问卷调查，需要了解下列相关信息。本次问卷采用匿名方式作答，问卷仅供本书研究使用，问卷信息保密，不会对您的工作与生活带来任何影响，恳请您帮忙根据实际工作和生活情况认真填写以下问卷，不要有任何遗漏。如果在填写问卷的过程中有任何疑问，我们调查组成员会在现场进行解答。

非常感谢您的支持与参与！

祝工作生活美满如意！！

农民工体面就业课题组

## 第一部分：基本信息情况

| 统计变量 | | 请在您认为正确的表格处打√ |
|---|---|---|
| 性别 | 男 | |
| | 女 | |
| 年龄 | 30 岁以下 | |
| | 31~40 岁 | |
| | 41~50 岁 | |
| | 50 岁以上 | |
| 务工城市 | 此行需手写或告知调查人员填写（只写城市） | |
| 学历 | 小学以下文化 | |
| | 初中文化 | |
| | 高中文化 | |
| | 大学专科以上文化 | |
| 在现企业工作年限 | 2 年以下 | |
| | 2~5 年 | |
| | 5~10 年 | |
| | 10 年以上 | |
| 健康自评 | 健康 | |
| | 亚健康 | |
| 找工作途径 | 通过血缘、地缘、亲朋、同学、同事 | |
| | 政府、企事业组织 | |
| 人际关系满意程度 | 满意 | |
| | 较满意 | |
| | 一般 | |
| | 较不满意 | |
| | 很不满意 | |

| 统计变量 | | 请在您认为正确的表格处打√ |
|---|---|---|
| 社会关系网络质量满意度 | 满意 | |
| | 较满意 | |
| | 一般 | |
| | 较不满意 | |
| | 很不满意 | |
| 劳动技能 | 高级劳动技能水平 | |
| | 中级劳动技能水平 | |
| | 初级以下技能水平 | |
| 从事职业 | 技术人员 | |
| | 基层管理人员 | |
| | 中高层管理人员 | |
| | 基层员工 | |
| 流动次数 | 1~2 次 | |
| | 3~5 次 | |
| | 5 次以上 | |
| 组织规模 | 50 人以下 | |
| | 50~100 人 | |
| | 100~500 人 | |
| | 500 人以上 | |
| 组织属性 | 国有企业 | |
| | 外资企业 | |
| | 民营企业 | |
| | 私有企业 | |

| 统计变量 | | 请在您认为正确的表格处打√ |
|---|---|---|
| 组织所属行业 | 劳动密集型（包括农林牧渔、采矿业、建筑业、制造业、批发和零售业、住宿和餐饮、居民服务及其他服务业） | |
| | 技术密集型（科学研究、技术服务、地质勘查业、文化、体育和娱乐业） | |
| | 资金密集型（金融业） | |
| 工会会员 | 是 | |
| | 否 | |

## 第二部分：农民工体面就业评价问卷

| 因素层 | | 评价标准 | 根据前面分值直接填写分数 |
|---|---|---|---|
| 工作机会（$C_1$） | | 很容易、较容易、一般、不容易、很不容易分别赋值5~1分 | |
| 劳动报酬（$C_2$）（劳动报酬包括工资、奖金、津贴等，平均收入是当地年平均工资收入） | | 远高于平均水平、较高于平均水平、等于平均水平、较低于平均水平、远低于平均水平分别赋值5~1分 | |
| 住所条件 | 住所类型 $C_3$ | 廉租房或自购房、独立租赁、与人合租、单位宿舍或生产经营场所、工地工棚分别赋值5~1分 | |
| | 住房补贴 $C_4$ | 很高、较高、一般、较低、很低、没有分别赋值为6~0分 | |
| 交通条件 | 交通工具 $C_5$ | 自驾车或单位交通车、骑自行车、乘轨道车、公交车、步行分别赋值5~1分 | |
| | 交通补贴 $C_6$ | 很高、较高、一般、较低、很低、没有分别赋值为6~0分 | |
| 子女教育 | 子女入学难易 $C_7$ | 很容易、较容易、一般、不容易、很不容易分别赋值5~1分 | |
| | 子女学费 $C_8$（与当地同年级城镇学生相比） | 很低、较低、相当、较高、很高分别赋值5~1分 | |
| 就医条件 $C_9$ | | 很好、较好、一般、较差、很差分别赋值5~1分 | |

| 因素层 | 评价标准 | 根据前面分值直接填写分数 |
|---|---|---|
| 工作稳定性 $C_{10}$ | 签订三年以上劳动合同、两年以上劳动合同、一年以上劳动合同、一年以下劳动合同、没有签订劳动合同，分别赋值 5~1 分 | |
| 劳动时间 $C_{11}$（用周工作时间衡量：周均工作天数和日均工作小时数乘积计算得到） | 36~40 小时、41~45 小时、45~50 小时、50~56 小时、56 小时以上分别赋值 5~1 分 | |
| 劳动保护措施 $C_{12}$ | 很好、较好、一般、较差、很差分别赋值 5~1 分 | |
| 社会保障 养老保险 $C_{13}$ | 参与为 1 分，没参与为 0 分 | |
| 医疗保险 $C_{14}$ | 参与为 1 分，没参与为 0 分 | |
| 工伤保险 $C_{15}$ | 参与为 1 分，没参与为 0 分 | |
| 生育保险 $C_{16}$ | 参与为 1 分，没参与为 0 分 | |
| 失业保险 $C_{17}$ | 参与为 1 分，没参与为 0 分 | |
| 劳动环境 $C_{18}$ | 很好、较好、一般、较差、很差分别赋值 5~1 分 | |
| 收入公平 $C_{19}$ | 很公平、较公平、一般、较不公平、很不公平分别赋值 5~1 分 | |
| 晋升机会 $C_{20}$ | 很公平、较公平、一般、较不公平、很不公平分别赋值 5~1 分 | |
| 培训机会 $C_{21}$ | 三次以上为 4 分，两次为 3 分，一次为 2 分，没参加过为 1 分 | |
| 带薪休假 $C_{22}$ | 有为 1 分、无为 0 分 | |
| 参与组织决策 $C_{23}$ | 常参与、较常参与、一般、不常参与、不参与分别赋值 5~1 分 | |
| 组织人际关系 $C_{24}$ | 很满意、较满意、一般、较不满意、很不满意分别赋值 5~1 分 | |
| 权益侵害 $C_{25}$ | 无、很少、一般、较严重、很严重为 5~1 分 | |
| 是否拖欠工资 $C_{26}$ | 按时足额发放为 1 分，无故拖延发放为 0 分 | |
| 是否通过工会组织维权 $C_{27}$ | 是为 1 分，否为 0 分 | |
| 工会维权效果 $C_{28}$ | 很满意、较满意、一般、较不满意、很不满意分别赋值 5~1 分 | |
| 能否实现工作—生活平衡 $C_{29}$ | 能为 1 分，否为 0 分 | |
| 工作业绩对组织发展的贡献 $C_{30}$ | 有为 1 分，无为 0 分 | |
| 工作中是否有发挥能力的机会 $C_{31}$ | 有为 1 分，无为 0 分 | |
| 工作是否有责任感 $C_{32}$ | 很强、较强、一般、较不强、很不强分别赋值 5~1 分 | |

## 第三部分：农民工工作生活质量满意度评价问卷

| 目标层 | 要素层 | 满意程度（由最低到最高依次排列，分数从 1 分到 5 分） | | | | |
|---|---|---|---|---|---|---|
| | | 非常不满意 | 不满意 | 一般 | 满意 | 非常满意 |
| 农民工工作生活质量 | $QWL_1$ 自主择业 | | | | | |
| | $QWL_2$ 安全的工作环境 | | | | | |
| | $QWL_3$ 组织人际关系和谐 | | | | | |
| | $QWL_4$ 工作稳定性 | | | | | |
| | $QWL_5$ 工作技能提升 | | | | | |
| | $QWL_6$ 组织内人际关系 | | | | | |
| | $QWL_7$ 工作生活平衡 | | | | | |
| | $QWL_8$ 组织对员工的尊重 | | | | | |
| | $QWL_9$ 劳动收入 | | | | | |
| | $QWL_{10}$ 晋升空间 | | | | | |

## 第四部分：和谐劳动关系满意度评价问卷

| 目标层 | 要素层 | 满意程度（由最低到最高依次排列，分数从 1 分到 5 分） | | | | |
|---|---|---|---|---|---|---|
| | | 非常不满意 | 不满意 | 一般 | 满意 | 非常满意 |
| 和谐劳动关系衡量 | $L_1$ 因劳动强度引发的劳动争议处理情况 | | | | | |
| | $L_2$ 因工作压力引发的劳动争议处理情况 | | | | | |
| | $L_3$ 因组织人际关系引发的劳动争议处理情况 | | | | | |
| | $L_4$ 因组织管理引发的劳动争议处理情况 | | | | | |
| | $L_5$ 因社会保障引发的劳动争议处理情况 | | | | | |
| | $L_6$ 因劳动合同引发的劳动争议处理情况 | | | | | |
| | $L_7$ 因劳动环境引发的劳动争议处理情况 | | | | | |
| | $L_8$ 因劳动条件引发的劳动争议处理情况 | | | | | |
| | $L_9$ 因劳动报酬引发的劳动争议处理情况 | | | | | |

再次感谢您的支持与参与!!!

# 附录 B  农民工体面就业评价
# 调查问卷（二）

（调查对象：企业组织）

问卷编号：

调 查 人：

调查地区：

尊敬的领导：

您好！

我们是×××××国家社会科学基金项目《新常态下农民工体面就业评价指标体系及实现机制研究》课题组成员，我们目前正在进行有关农民工体面就业方面的问卷调查，需要了解下列相关信息。本次问卷采用匿名方式作答，问卷仅供课题研究使用，问卷信息保密，不会对您的工作与生活带来任何影响，恳请您代表组织帮忙根据企业组织实际情况认真填写以下问卷，不要有任何遗漏。如果在填写问卷的过程中有任何疑问，我们调查组成员会在现场进行解答。

非常感谢您的支持与参与！

祝工作生活美满如意！！

农民工体面就业课题组

## 第一部分：组织基本信息情况

| | 统计变量 | 请在您认为正确的表格处打√ |
|---|---|---|
| 组织是否雇佣农民工 | 是 | |
| | 否 | |
| 组织规模 | 50 人以下 | |
| | 50~100 人 | |
| | 100~500 人 | |
| | 500 人以上 | |
| 组织属性 | 国有企业 | |
| | 外资企业 | |
| | 民营企业 | |
| | 私有企业 | |
| 组织所属行业 | 劳动密集型（包括农林牧渔、采矿业、建筑业、制造业、批发和零售业、住宿和餐饮、居民服务及其他服务业） | |
| | 技术密集型（科学研究、技术服务、地质勘查业、文化、体育和娱乐业） | |
| | 资金密集型（金融业） | |
| 组织是否成立工会 | 是 | |
| | 否 | |
| 组织是否出现过强制加班 | 是 | |
| | 否 | |
| 组织是否出现过安全事故 | 是 | |
| | 否 | |
| 组织是否有带薪休假制度 | 是 | |
| | 否 | |
| 组织是否有劳动技能培训制度 | 是 | |
| | 否 | |
| 组织是否实现同工同酬 | 是 | |
| | 否 | |

## 第二部分：农民工体面就业评价问卷（下列情况是针对本组织的农民工）

| 因素层 | | 评价标准 | 根据前面分值直接填写分数 |
|---|---|---|---|
| 工作机会（$C_1$） | | 很容易、较容易、一般、不容易、很不容易分别赋值 5~1 分 | |
| 劳动报酬（$C_2$）<br>（劳动报酬包括工资、奖金、津贴等，平均收入是当地年平均工资收入） | | 远高于平均水平、较高于平均水平、等于平均水平、较低于平均水平、远低于平均水平分别赋值 5~1 分 | |
| 住所条件 | 住所类型 $C_3$ | 廉租房或自购房、独立租赁、与人合租、单位宿舍或生产经营场所、工地工棚分别赋值 5~1 分 | |
| | 住房补贴 $C_4$ | 很高、较高、一般、较低、很低、没有分别赋值 6~0 分 | |
| 交通条件 | 交通工具 $C_5$ | 自驾车或单位交通车、骑自行车、乘轨道车、公交车、步行分别赋值 5~1 分 | |
| | 交通补贴 $C_6$ | 很高、较高、一般、较低、很低、没有分别赋值为 6~0 分 | |
| 子女教育 | 子女入学难易 $C_7$ | 很容易、较容易、一般、不容易、很不容易分别赋值 5~1 分 | |
| | 子女学费 $C_8$<br>（与当地同年级城镇学生相比） | 很低、较低、相当、较高、很高分别赋值 5~1 分 | |
| 就医条件 $C_9$ | | 很好、较好、一般、较差、很差分别赋值 5~1 分 | |
| 工作稳定性 $C_{10}$ | | 签订三年以上劳动合同、两年以上劳动合同、一年以上劳动合同、一年以下劳动合同、没有签订劳动合同分别赋值 5~1 分 | |
| 劳动时间 $C_{11}$<br>（用周工作时间衡量:周均工作天数和日均工作小时数乘积计算得到） | | 36~40 小时、41~45 小时、45~50 小时、50~56 小时、56 小时以上分别赋值 5~1 分 | |
| 劳动保护措施 $C_{12}$ | | 很好、较好、一般、较差、很差分别赋值 5~1 分 | |
| 社会保障 | 养老保险 $C_{13}$ | 参与为 1 分，没参与为 0 分 | |
| | 医疗保险 $C_{14}$ | 参与为 1 分，没参与为 0 分 | |
| | 工伤保险 $C_{15}$ | 参与为 1 分，没参与为 0 分 | |
| | 生育保险 $C_{16}$ | 参与为 1 分，没参与为 0 分 | |
| | 失业保险 $C_{17}$ | 参与为 1 分，没参与为 0 分 | |

| 因素层 | 评价标准 | 根据前面分值直接填写分数 |
|---|---|---|
| 劳动环境 $C_{18}$ | 很好、较好、一般、较差、很差分别赋值 5~1 分 | |
| 收入公平 $C_{19}$ | 很公平、较公平、一般、较不公平、很不公平分别赋值 5~1 分 | |
| 晋升机会 $C_{20}$ | 很公平、较公平、一般、较不公平、很不公平分别赋值 5~1 分 | |
| 培训机会 $C_{21}$ | 三次以上为 4 分，两次为 3 分，一次为 2 分，没参加过为 1 分 | |
| 带薪休假 $C_{22}$ | 有为 1 分，无为 0 分 | |
| 参与组织决策 $C_{23}$ | 常参与、较常参与、一般、不常参与、不参与分别赋值 5~1 分 | |
| 组织人际关系 $C_{24}$ | 很满意、较满意、一般、较不满意、很不满意分别赋值 5~1 分 | |
| 权益侵害 $C_{25}$ | 无、少、一般、较严重、很严重分别为 5~1 分 | |
| 是否拖欠工资 $C_{26}$ | 按时足额发放为 1 分，无故拖延发放为 0 分 | |
| 是否通过工会组织维权 $C_{27}$ | 是为 1 分，没有为 0 分 | |
| 工会维权效果 $C_{28}$ | 很满意、较满意、一般、较不满意、很不满意分别赋值 5~1 分 | |
| 能否实现工作—生活平衡 $C_{29}$ | 能为 1 分，否为 0 分 | |
| 工作业绩对组织发展的贡献 $C_{30}$ | 有为 1 分，无为 0 分 | |
| 工作中是否有发挥能力的机会 $C_{31}$ | 有为 1 分，无为 0 分 | |
| 工作是否有责任感 $C_{32}$ | 很强、较强、一般、较不强、很不强分别赋值 5~1 分 | |

## 第三部分：组织综合绩效满意度评价问卷

| 目标层 | 要素层 | 满意程度（由最低到最高依次排列，分数从1分到5分） | | | | |
|---|---|---|---|---|---|---|
| | | 非常不满意 | 不满意 | 一般 | 满意 | 非常满意 |
| 组织绩效 | $OP_1$ 与上一年比，组织销售增长率 | | | | | |
| | $OP_2$ 与上一年比，组织净利润率提高 | | | | | |
| | $OP_3$ 与上一年比，组织市场份额占有率提高 | | | | | |
| | $OP_4$ 与上一年比，组织销售利润率提高 | | | | | |
| | $OP_5$ 与上一年比，组织投资回报率提高 | | | | | |
| | $OP_6$ 与同行业相比，本组织处于有利的竞争地位 | | | | | |
| | $OP_7$ 组织内部管理规范 | | | | | |
| | $OP_8$ 组织承诺兑现 | | | | | |
| | $OP_9$ 组织对客户的服务意识很强 | | | | | |
| | $OP_{10}$ 组织内部信息沟通与交流 | | | | | |
| | $OP_{11}$ 组织给员工提供职业技能培训机会 | | | | | |
| | $OP_{12}$ 组织内员工晋升机会 | | | | | |
| | $OP_{13}$ 组织对员工业绩的激励情况 | | | | | |

## 第四部分：和谐劳动关系满意度评价问卷

| 目标层 | 要素层 | 满意程度（由最低到最高依次排列，分数从1分到5分） | | | | |
|---|---|---|---|---|---|---|
| | | 非常不满意 | 不满意 | 一般 | 满意 | 非常满意 |
| 和谐劳动关系衡量 | $L_1$ 因劳动强度引发的劳动争议处理情况 | | | | | |
| | $L_2$ 因工作压力引发的劳动争议处理情况 | | | | | |
| | $L_3$ 因组织人际关系引发的劳动争议处理情况 | | | | | |
| | $L_4$ 因组织管理引发的劳动争议处理情况 | | | | | |
| | $L_5$ 因社会保障引发的劳动争议处理情况 | | | | | |
| | $L_6$ 因劳动合同引发的劳动争议处理情况 | | | | | |
| | $L_7$ 因劳动环境引发的劳动争议处理情况 | | | | | |
| | $L_8$ 因劳动条件引发的劳动争议处理情况 | | | | | |
| | $L_9$ 因劳动报酬引发的劳动争议处理情况 | | | | | |

再次感谢您的支持与参与！！！

# 附录 C  农民工体面就业评价调查问卷（三）

（调查对象：专家）

问卷编号：

调 查 人：
调查地区：

尊敬的各位专家：

您好！

我们是××××国家社会科学基金项目《新常态下农民工体面就业评价指标体系及实现机制研究》课题组成员，我们目前正在进行有关你们体面就业方面的问卷调查，需要了解下列相关信息。本次问卷采用匿名方式作答，问卷仅供课题研究使用，问卷信息保密，不会对您的工作与生活带来任何影响，恳请您帮忙根据实际工作和生活情况认真填写以下问卷，不要有任何遗漏。如果在填写问卷的过程中有任何疑问，我们调查组成员会在现场进行解答。

非常感谢您的支持与参与！

祝工作生活美满如意！！

农民工体面就业课题组

**填写问卷说明：**

问卷调查的目的是确定农民工体面就业各评价因素之间的权重，目前需要您对同一层次因素进行两两比较，衡量尺度分为：绝对重要（9分）、十分重要（7分）、比较重要（5分）、稍显重要（3分）、同样重要（1分）；靠左边的分数是左边的因素相对于右边的因素得分，靠右边的分数是右边的因素相对于左边的因素得分；烦请您根据您的专业知识判断在您认为的分数下方框内打√。

一、问卷内容

| 评价因素 | 主要包含因素 |
|---|---|
| 生存就业 | 工作机会、劳动报酬、住所类型、住房补贴、交通工具、交通补贴、子女入学、子女学费、就医条件 |
| 安全就业 | 工作稳定性、劳动时间、劳动保护措施、养老保险、医疗保险、工伤保险、生育保险、失业保险、劳动环境 |
| 公平就业 | 收入公平、晋升机会、培训机会、带薪休假 |
| 有尊严就业 | 参与组织决策、组织人际关系、权益侵害、是否拖欠工资、是否通过工会组织维权、工会维权效果 |
| 自我实现就业 | 能否实现工作生活平衡、工作业绩对组织发展的贡献、工作中是否有发挥能力的机会、工作是否有责任感 |

二、第二层评价因素比较

下列各种评价因素对农民工体面就业的相对重要性比较

| A | 评价尺度 | | | | | | | | | B |
|---|---|---|---|---|---|---|---|---|---|---|
| | 9 | 7 | 5 | 3 | 1 | 3 | 5 | 7 | 9 | |
| 生存就业 | | | | | | | | | | 安全就业 |
| | | | | | | | | | | 公平就业 |
| | | | | | | | | | | 尊严就业 |
| | | | | | | | | | | 自我实现就业 |
| 安全就业 | | | | | | | | | | 公平就业 |
| | | | | | | | | | | 尊严就业 |
| | | | | | | | | | | 自我实现就业 |
| 公平就业 | | | | | | | | | | 尊严就业 |
| | | | | | | | | | | 自我实现就业 |
| 尊严就业 | | | | | | | | | | 自我实现就业 |

三、第三层评价因素比较

1. 下列各种评价因素对生存就业的相对重要性比较

| A | 评价尺度 | | | | | | | | | B |
|---|---|---|---|---|---|---|---|---|---|---|
| | 9 | 7 | 5 | 3 | 1 | 3 | 5 | 7 | 9 | |
| 工作机会 | | | | | | | | | | 劳动报酬 |
| | | | | | | | | | | 住所类型 |
| | | | | | | | | | | 住房补贴 |
| | | | | | | | | | | 交通工具 |
| | | | | | | | | | | 交通补贴 |
| | | | | | | | | | | 子女入学 |
| | | | | | | | | | | 子女学费 |
| | | | | | | | | | | 就医条件 |
| 劳动报酬 | | | | | | | | | | 住所类型 |
| | | | | | | | | | | 住房补贴 |
| | | | | | | | | | | 交通工具 |
| | | | | | | | | | | 交通补贴 |
| | | | | | | | | | | 子女入学 |
| | | | | | | | | | | 子女学费 |
| | | | | | | | | | | 就医条件 |
| 住所类型 | | | | | | | | | | 住房补贴 |
| | | | | | | | | | | 交通工具 |
| | | | | | | | | | | 交通补贴 |
| | | | | | | | | | | 子女入学 |
| | | | | | | | | | | 子女学费 |
| | | | | | | | | | | 就医条件 |
| 住房补贴 | | | | | | | | | | 交通工具 |
| | | | | | | | | | | 交通补贴 |
| | | | | | | | | | | 子女入学 |
| | | | | | | | | | | 子女学费 |
| | | | | | | | | | | 就医条件 |
| 交通工具 | | | | | | | | | | 交通补贴 |

| A | 评价尺度 | | | | | | | | | B |
|---|---|---|---|---|---|---|---|---|---|---|
| | 9 | 7 | 5 | 3 | 1 | 3 | 5 | 7 | 9 | |
| | | | | | | | | | | 子女入学 |
| | | | | | | | | | | 子女学费 |
| | | | | | | | | | | 就医条件 |
| 子女入学 | | | | | | | | | | 子女学费 |
| | | | | | | | | | | 就医条件 |
| 子女学费 | | | | | | | | | | 就医条件 |

2. 下列各种评价因素对安全就业的相对重要性比较

| A | 评价尺度 | | | | | | | | | B |
|---|---|---|---|---|---|---|---|---|---|---|
| | 9 | 7 | 5 | 3 | 1 | 3 | 5 | 7 | 9 | |
| 工作稳定性 | | | | | | | | | | 劳动时间 |
| | | | | | | | | | | 劳动保护措施 |
| | | | | | | | | | | 养老保险 |
| | | | | | | | | | | 医疗保险 |
| | | | | | | | | | | 工伤保险 |
| | | | | | | | | | | 失业保险 |
| | | | | | | | | | | 生育保险 |
| | | | | | | | | | | 劳动环境 |
| 劳动保护措施 | | | | | | | | | | 养老保险 |
| | | | | | | | | | | 医疗保险 |
| | | | | | | | | | | 工伤保险 |
| | | | | | | | | | | 失业保险 |
| | | | | | | | | | | 生育保险 |
| | | | | | | | | | | 劳动环境 |
| 养老保险 | | | | | | | | | | 医疗保险 |
| | | | | | | | | | | 工伤保险 |
| | | | | | | | | | | 失业保险 |

| A | 评价尺度 | | | | | | | | | B |
|---|---|---|---|---|---|---|---|---|---|---|
| | 9 | 7 | 5 | 3 | 1 | 3 | 5 | 7 | 9 | |
| | | | | | | | | | | 生育保险 |
| | | | | | | | | | | 劳动环境 |
| 医疗保险 | | | | | | | | | | 工伤保险 |
| | | | | | | | | | | 失业保险 |
| | | | | | | | | | | 生育保险 |
| | | | | | | | | | | 劳动环境 |
| 工伤保险 | | | | | | | | | | 失业保险 |
| | | | | | | | | | | 生育保险 |
| | | | | | | | | | | 劳动环境 |
| 失业保险 | | | | | | | | | | 生育保险 |
| | | | | | | | | | | 劳动环境 |
| 生育保险 | | | | | | | | | | 劳动环境 |

3. 下列各种评价因素对公平就业的相对重要性比较

| A | 评价尺度 | | | | | | | | | B |
|---|---|---|---|---|---|---|---|---|---|---|
| | 9 | 7 | 5 | 3 | 1 | 3 | 5 | 7 | 9 | |
| 收入公平 | | | | | | | | | | 晋升机会 |
| | | | | | | | | | | 培训机会 |
| | | | | | | | | | | 带薪休假 |
| 晋升机会 | | | | | | | | | | 培训机会 |
| | | | | | | | | | | 带薪休假 |
| 培训机会 | | | | | | | | | | 带薪休假 |

4. 下列各种评价因素对尊严就业的相对重要性比较

| A | 评价尺度 | | | | | | | | | B |
|---|---|---|---|---|---|---|---|---|---|---|
| | 9 | 7 | 5 | 3 | 1 | 3 | 5 | 7 | 9 | |
| 参与组织决策 | | | | | | | | | | 组织人际关系 |

| A | 评价尺度 | | | | | | | | | B |
|---|---|---|---|---|---|---|---|---|---|---|
| | 9 | 7 | 5 | 3 | 1 | 3 | 5 | 7 | 9 | |
| | | | | | | | | | | 权益侵害 |
| | | | | | | | | | | 是否拖欠工资 |
| | | | | | | | | | | 是否通过工会维权 |
| | | | | | | | | | | 工会维权效果 |
| 组织人际关系 | | | | | | | | | | 权益侵害 |
| | | | | | | | | | | 是否拖欠工资 |
| | | | | | | | | | | 是否通过工会维权 |
| | | | | | | | | | | 工会维权效果 |
| 权益侵害 | | | | | | | | | | 是否拖欠工资 |
| | | | | | | | | | | 是否通过工会维权 |
| | | | | | | | | | | 工会维权效果 |
| 是否拖欠工资 | | | | | | | | | | 是否通过工会维权 |
| | | | | | | | | | | 工会维权效果 |
| 是否通过工会维权 | | | | | | | | | | 工会维权效果 |

5. 下列各种评价因素对自我实现就业的相对重要性比较

| A | 评价尺度 | | | | | | | | | B |
|---|---|---|---|---|---|---|---|---|---|---|
| | 9 | 7 | 5 | 3 | 1 | 3 | 5 | 7 | 9 | |
| 能否实现工作生活平衡 | | | | | | | | | | 工作业绩对组织发展的贡献 |
| | | | | | | | | | | 工作中是否有发挥能力的机会 |
| | | | | | | | | | | 工作是否有责任感 |
| 工作业绩对组织发展的贡献 | | | | | | | | | | 工作中是否有发挥能力的机会 |
| | | | | | | | | | | 工作是否有责任感 |
| 工作中是否有发挥能力的机会 | | | | | | | | | | 工作是否有责任感 |

再次感谢您的支持与参与!!!

# 个案访谈实录

**个案访谈记录一：成都市××建筑安装工程有限公司 李某**

**访谈时间：** 2019 年 12 月 16 日

**访谈对象：** 李某（以下简称李），男，45 岁，身高 171 厘米，体重 65 千克，身体健康。李某目前在成都某工地上开挖掘机，该工地的项目是由成都市××建筑安装工程有限公司承包，该公司在 2000 年成立，主要从事房屋建筑、水利水电工程、机电设备安装等，不含外聘人数有员工 70 多人。

**访谈内容：**

陈：您好，十分感谢你能抽出空闲时间配合我进行访谈。我们现在在做一个关于农民工就业状况的调查，主要和你聊一下工作上的一些情况。

李：好的。

陈：可以先说一下你的基本情况吗？个人情况和家庭情况都讲一讲吧。

李：我今年 45 岁，家在西昌，家里有两个小孩，我老婆在家照顾老人，我爸妈身体都不好，我和我老婆都在外打工，不太放心老人。（小孩是都在上学吗？）两个小孩都在上大学。

陈：你是什么文化水平呢？目前你在工地上主要做什么工作？

李：我初中毕业就出来打工了。在金阳这个工地开挖掘机啊。（那你是什么时候开始开挖掘机的呢？）20 多岁，初中毕业了，跑出来跟着村里的伯伯在工地上干活，一开始做小工，后来和工地上的挖掘机师傅混熟了，自己就慢慢学会了。自己考了挖掘机操作证后，就一直在工地上开挖掘机了。开挖掘机肯定比一直做小工好。

陈：可以说一下你的打工经历吗？最近几年的就行。

李：2013—2016 年我在云南省文山苗族壮族自治州的工地开挖掘机，2017 年我在西藏自治区昌都市的工地开挖掘机，2019 年开始在金阳这个工地开挖掘机。

陈：除了会开挖掘机以外，你还会别的技术吗？比如电脑之类的？

李：别的也不会啊，工地上基本都是做苦力的，那些也不需要技术。我平时就看看快手、抖音。

陈：那你是怎么找工作的？

李：我是家里亲朋好友喊起来的。不过，这个工作是我大哥帮我投简历找到的。

陈：那你这份工作每个月工资多少？

李：每个月 4 000 元左右。

陈：你对目前的工资满意吗？

李：我不满意，每个月省吃俭用也存不到多少元钱，还有一大家人要养活。（那你没考虑重新找一份工作吗？）今年工作好难找哦，其他工地离我家更远，金阳回去虽然也要几小时，但是离西昌更近了。

陈：你现在这份工作，老板有购买"五险一金"吗？

李：老板买啥"五险一金"哦。（工伤保险也没有吗？）这个买了的，公司只买了工伤保险，我的医疗保险和养老保险都在老家自己买的。

陈：你们可以带薪休假吗？

李：可以。

陈：像生病那些可以休息请假吗？向老板请假难度怎么样呢？

李：生病也可以请假，请假很容易。

陈：你开挖掘机，一天大概工作多长时间呢？

李：大概 9 小时。（那一周工作时间呢？）差不多 65 小时。（周末也要干活吗？）没得啥子事，每天都要开工。

陈：你觉得你现在每天工作的时间长吗？

李：工作时间过长了。每天下班都比较疲惫。

陈：工地上还是比较危险的，你在工作的时候遇到过什么安全事故？

李：遇到过。（目前这个工地你受过伤吗？）有受过伤。（那你受伤程度如何？）轻微受伤，不算严重。

陈：那你们要是工作受到伤害，公司会有补偿吗？

李：会给一些补偿。（补偿情况如何？）这个要看受伤程度，一般保险公司和工地方都要赔付。

陈：你觉得你在工地开挖掘机，这份工作受到大家尊重了吗？

李：得到尊重了啊。自己是靠劳动养活自己的。

陈：那在工作中有出现被歧视的情况吗？

李：偶尔还是会遇到被歧视的情况。

陈：你目前这份工作是否可以让你兼顾生活？

李：不能。每天工作时间这么长，下班很累。没办法照顾家庭，一年到头基本上都在外地打工。

陈：老板会强制要求你们加班吗？或者说如果你不加班就辞退？

李：会强制要求加班，不过一般有双倍工资补偿。

陈：你现在的公司有工会吗？

李：这个我不清楚。

陈：那你之前是否加入过工会？

李：我从来没有加入过工会。（要是你权益受损，你会找工会维权吗？）没找过，我也不清楚，周围也没听到哪个熟人参加工会。（李某话语间感觉对工会很陌生）

陈：你在工地干活，遇到对工作内容和工资不满或者你有好的想法时，可以向公司领导提出建议吗？

李：可以的。（你是否向领导提出过建议？）我有提过的。（你的建议被采纳过吗？）我感觉没有被采纳。

陈：你在这里工作有参与过一些技术培训吗？

李：参加过培训。（主要是哪些技术培训呢？）有安全培训，也有挖掘机技术培训。（培训时间是多久呢？）一般是15~30天，每年一两次。

陈：你觉得参加这些培训后，你的劳动技能提升了吗？

李：我毕竟开了几十年挖掘机，目前对我开展挖掘机技术培训起的作用不是很大。安全培训还可以，工地干活，安全第一。

陈：你目前在工地有没有干过别的活，除了开挖掘机？

李：没有。

陈：你感觉在工地开挖掘机这份工作有升职的机会吗？

李：这个怎么升职？管理开挖掘机的工人吗？不现实。

陈：你觉得目前工作量大不大？

李：工作量挺大的。

陈：好的，再次谢谢您的配合，再见。

李：不用谢。

**个案访谈记录二：广州市××茶餐厅 吴某**

**访谈时间：**2019 年 7 月 12 日

**访谈对象：**吴某（以下简称吴），男，26 岁，身高 172 厘米，体重 85 千克，身体健康。

吴某所在的广州市×××茶餐厅位于广州市白云区新市新街，2014 年开始挂牌营业，由当地人自己经营，主要经营餐饮，目前包括老板在内总共 16 人。

**访谈内容：**

杨：您好，十分感谢你能抽出空闲时间配合我进行访谈。我们现在在做一个关于农民工就业情况的调查，主要聊聊你目前的工作情况。

吴：可以的。

杨：可以先说一下你的基本情况吗？个人情况和家庭情况都讲一讲吧。

吴：我今年 26 岁，家在××乡，有奶奶、爸爸、妈妈，还有弟弟，弟弟在市区打工。（那你还没有结婚？）对啊，就差一个对象了。（家里长辈的身体都还健康吗？）人老了，都会有些病的，奶奶身体不太好。我妈前几年生病住院，做了手术就好了。

杨：你是什么文化水平呢？目前你在×××茶餐厅主要做什么工作？

吴：我初中文化。当厨师。

杨：可以聊聊你的打工经历吗？

吴：2014 年，我在市区酒楼当服务员，顺便学厨；2016 年，我开过饭店，3 个月就倒闭了；2018 年，我去昆明工地上搬砖，当建筑工人；2019 年，我到陕西洛川做了一段时间电焊工。

杨：你的打工经历很丰富啊，你打工这么多年有掌握什么技术吗？

吴：那肯定的嘛。我在酒楼打工学会了炒菜，还学会了电焊技术。（你为什么选择当厨师呢？）因为想自己开个饭店，还是要先把技术学好。（你之前的饭店为什么倒闭了呢？）亏本啊，没得生意，最后只有把店子打出去了。

杨：你的店铺倒闭后，是怎么找工作的？

吴：都是跟着我姑爷去的。

杨：你有尝试过通过别的方法找工作吗？如网上投简历？

吴：我在网上看到合适的招聘消息，就会打电话过去，不会写简历。

杨：你这份工作每个月多少元工资？

吴：每个月 4 000 元左右。

杨：你对目前的工资满意吗？

吴：一般吧。其他啥都好，就是工资有点低，还不够我自己花，不过我现在是一人吃饱，全家不饿。

杨：你现在这份工作，老板有购买"五险一金"吗？

吴：我们这种私人餐厅哪个会给你买那些？我自己买了一份农村医疗保险。

杨：你可以带薪休假吗？

吴：可以。

杨：像生病可以休息请假吗？向老板请假的难度怎么样呢？

吴：可以。生病也可以请假，请假容易得很，给老板说一声就行了。

杨：你一天大概工作多长的时间？

吴：看客人情况嘛，时间不一定。（你每天工作多长时间？）差不多八九小时。

杨：一周下来工作多久呢？

吴：主要是节假日和周末比较忙，一周算下来还是有 60 小时。

杨：你觉得工作时间长吗？

李：忙的时候累，不忙的时候感觉还好。（总体来说感觉如何？）一般吧。

杨：你在这里工作自身有遇到安全事故吗？

李：遇到过。（受伤情况如何？）轻微受伤。（工作中生病受伤，老板会有补偿吗？）就多放几天假，多休息几天。

杨：你觉得你这份工作受到大家尊重了吗？

吴：得到尊重了啊。同事之间肯定都是要互相尊重的。

杨：你在工作中有出现被客户歧视的情况吗？

吴：遇到过，不过自己要心态好，自己靠本事养活自己。

杨：目前你这份工作是否可以让你兼顾生活？

吴：可以。我这里当厨师还是安逸，环境好，除了工资低点。

杨：老板会强制要求你们加班吗？或者说你不加班就辞退？

李：没有这种情况，都是自愿加班。

杨：你这里有工会吗？

吴：没有。

杨：那你之前是否加入过工会？

吴：我没有加入过。（要是你权益受损，比如被拖欠工资，你会找工会维权吗？）没找过工会。

杨：你在这里当厨师，如果你有好的想法，可以向老板提出建议吗？

吴：我有提过。（你的建议被采纳过？）没有。

杨：你在这里工作有参与过一些技术培训吗？

吴：没有参加过培训。（那你们怎么开发新菜呢？）都是家常菜，或者自己学。（你希望参加一些厨艺方面的培训课程吗？）愿意。

杨：你在这里当厨师，这个职位有提升的空间吗？

吴：没有。

杨：你平时除了炒菜外，在×××茶餐厅还负责别的工作吗？

吴：主要是炒菜，没人的时候帮忙打扫一下卫生。

杨：你觉得目前工作量大不大？

吴：我的工作量一般嘛。

杨：好的。这次访谈就结束了，谢谢你了。

吴：不客气。

**个案访谈记录三：重庆市沙坪坝××卤肉饭馆 薛某**

**访谈时间：**2020 年 1 月 13 日

**访谈对象：**薛某（以下简称薛），女，30 岁，身高 156 厘米，体重 50 千克，身体健康。

××卤肉饭是一家以加盟店为体系的餐饮品牌连锁机构。薛某所在的卤肉饭加盟店成立于 2019 年中秋，目前有员工 5 人。薛某 2019 年年初到这家卤肉饭馆打工。

**访谈内容：**

李：您好，我们现在在做一个关于农民工就业状况的调查，耽误你几分钟时间聊聊你的工作经历和现在的工作情况。

薛：好的。但不要问私密的问题。

李：你放心，我们只是了解一下你工作的情况，不会涉及私密问题，也不会把你的个人信息泄露出去的。可以先说一下你的基本情况，比如年龄多大、家里有几口人。

薛：好的。我今年 30 岁，西安人，目前家里有父母和妹妹，妹妹在西安打工。（还没结婚吗？）我离过一次婚，孩子判给他爸爸了。现在我和男朋友都在重庆打工，不久有结婚的打算。

李：你是什么文化水平？目前你在店里主要做什么工作？

薛：我初中毕业。在店里什么都做啊，收银，接外卖单。我们这个店是快餐加盟店，有专门的流程的。（娟姐是加盟店老板吗？）对的，我们关系很好。

李：你是一直都在餐饮行业打工吗？有别的打工经历吗？

薛：没有。我 2020 年才来这家店，2005 年初中毕业没多久去我五孃那里学了几年美容美发。

李：你的打工经历还挺多的，有学习什么技术吗？比如美容美发这些技术你现在还会吗？

薛：会一些电脑技术，还有外卖接单这些。虽然学了几年美容美发，但是我没有做美发行业。

李：目前这份工作是你自己应聘的吗？

薛：是娟姐叫我来帮忙的。

李：你目前这份工作每个月工资多少呢？

薛：每个月 3 000~4 000 元。

李：你对目前的工资满意吗？

薛：一般吧，还有提升的空间。（你目前的工资够你自己用吗？）有点紧张，我还要交房租和水电费，偶尔买点好的衣服都舍不得用钱。

李：你在这里打工，老板有购买"五险一金"吗？

薛：没有。我只有医疗保险，还是在老家自己买。

李：你们可以带薪休假吗？

薛：可以。不过，我们每个月一般只能休息 2 天。

李：生病可以休息请假吗？向老板请假的难度怎么样？

薛：生病肯定可以请假啊，请假的难度一般，主要是店里太忙。

李：你一天大概工作多长时间呢？

薛：每天大概工作 11 小时。

李：一周工作时间有 77 小时了？

薛：差不多，周末基本不休息的。

李：你觉得你现在每天工作的时间如何？

薛：我感觉还行，工作时间稍微有点长了。

李：你工作的时候有遇到什么安全事故吗？

薛：这个暂时没有。

李：你们要是工作受到伤害，店里有补偿吗？

薛：会给一些补偿。

李：你工作的时候受到同事和顾客的尊重了吗？

薛：还可以。

李：有没有发生被别人歧视的情况？

薛：我没有感到被歧视。

陈：你目前这份工作是否可以让你一边好好工作一边兼顾生活？

薛：不太能兼顾生活吧，没多少时间和男朋友见面，回家也比较麻烦，还是希望能离家近一些。（小孩谁照顾呢？）男方家里的老人。

陈：老板会强制要求你们加班吗？或者如果你不加班就会被辞退？

薛：没有。

陈：你有加入工会吗？

薛：工会？没有。

陈：要是你工资被拖欠，你会去找工会解决吗？

薛：没找过工会。我没加入过工会，也不了解。

陈：你们店里店员在工资、菜品等方面有建议可以向老板提出吗？

薛：可以。

陈：这些意见会被采纳吗？你有没有提过建议被老板采纳的？

薛：这我就不清楚了。我没有提过什么建议。

陈：你在这里工作有参与过技术培训吗？

薛：没有参加过培训，都是娟姐教的。

陈：你觉得目前这份工作发展前景如何？你会不会自己开加盟店当老板，或者当合伙人？

薛：我觉得有前途才来干这个行业的，现在外卖这么火。谁不想自己当老板，但是目前我管理经验不足，也没有足够的启动资金。

陈：你平时是一直负责接外卖单和收银吗？

薛：基本上是。如果服务员有事，我也会帮他们顶班。

陈：你目前工作量大不大？

薛：我目前工作量一般，在我接受范围内。

陈：谢谢你的配合，访谈到这里就结束了，麻烦你了。

薛：没事儿。

**个案访谈记录四：武汉市××建筑工地  赵某**

**访谈时间：** 2019 年 8 月 06 日

**访谈对象：** 赵某（以下简称赵），男性，42 岁，身高 172 厘米，体重 61 千克，身体亚健康。

××建筑工地是赵某所在的武汉市××建筑有限公司在武汉地区承包的建筑工地，赵某在工地上干土建杂工。

**访谈内容：**

刘：您好，我们现在在做一个关于农民工就业状况的调查，耽误您一点时间聊聊您的工作经历和现在的工作情况。

赵：好的，没有问题。

刘：麻烦您先简单地介绍一下你的基本情况，比如哪里人、年龄，家里有几口人、婚否与孩子等状况。

赵：好的。我今年 42 岁，武汉市郊区农民。目前我家里有父母、老婆和两个孩子，一个孩子已经在读初中，另一个孩子刚上小学，家里共计六口人，父母年龄较大，在家帮老婆干点力所能及的家务活，老婆在附近农家乐干苦力活。

刘：你是什么文化水平呢？目前你在工地上主要做什么工作？

薛：我初中毕业。你在工地上干土建杂工。

刘：你是一直都在工地打工吗？有别的打工经历吗？

薛：没有。之前我在家附近帮一个私人老板干装修方面的工作。

刘：你之前跟着私人老板搞装修没学点装修方面的技术吗？

薛：我这人比较笨，之前跟着私人老板干装修时也是帮着干点笨重杂活，比如搬运之类的，就没有想过要学技术。

刘：目前这份工作是你自己应聘的吗？

薛：这份工作是我一亲戚介绍的。他大学毕业，在这家建筑公司当一个小管理人员。

刘：你目前这份工作每个月工资多少呢？

薛：每个月 5 000 多元。

刘：你对目前的工资满意吗？

薛：一般。如果工期紧，需要加班的时间多，加班工资加起来有 6 000 多元。我在这边上班不需要租房，睡工棚，吃饭不要钱，工地方给我们买了意外保险，自己基本上不花任何钱，连衣服也穿工地方发的工作服。老婆的工作不稳定，一个月工资 2 000 多元。由于要供养两个孩子读书和赡养父母，一个月下来，家里也没什么结余。

刘：你在这里打工，老板有购买"五险一金"吗？

薛：工地方只给我们购买了意外保险，我在农村买了新农合。

刘：像生病可以请假休息吗？向老板请假的难度怎么样？

薛：生病肯定可以请假，工地方一般不允许带病上班的。但一般在工地干活的人，如果是小病，只要不影响工作，大家都自己忍着，没有请假的，关键是请病假要扣工资。

刘：一般情况下，你一天大概工作多长时间呢？

薛：正常情况下，我每天工作从早上八点到下午六点，中午吃饭一个小时；如果工期紧，工地大多实行三班倒，通夜加班也是常有的事。

刘：正常情况下，你一周工作时间有 54 小时吗？

薛：差不多，周末基本不休息的。

刘：你觉得你现在每天工作的时间如何？

薛：工地活都是重体力活，正常情况下我一天工作九小时。

刘：你工作的时候有遇到什么安全事故吗？

薛：我暂时没有，其他同事有。

刘：那你们要是工作时受到伤害，工地方会有补偿吗？

薛：会给一些补偿。

刘：你工作的时候受到同事和顾客尊重了吗？

薛：这个不好说，没有技术的人，经常被老板吆三喝四也是常有的事，为了生活就不计较了。

刘：你目前这份工作是否可以让你一边工作一边兼顾家庭？

薛：不太能兼顾家庭，家里的小事一般都是由老婆处理，事后一般打电话给我说一下就行。她知道我在工地辛苦和干活危险，一般不给我说家里的烦心事。遇到双方父母生病等大事，我才请假回家。

刘：老板会强制要求你们加班吗？或者说你不加班就辞退？

薛：工期紧不得不加班，不过有加班费，倒没有听说过不加班就辞退的话。

刘：你有加入工会吗？

薛：工会？哪里的工会？我都没有听说过。

刘：要是你的工资被拖欠，你会去找工会解决吗？

薛：都没有加入，就不知道工会的事情了。

刘：你在这里工作有参与过技术培训吗？

薛：没有。我干的都是简单的体力活，不需要技术。

刘：你觉得目前这份工作发展前景如何？

薛：这份工作对我来说，就是趁现在自己身体还好，干得动就干下去，如果哪天干不动了，孩子们也长大了，自己就回农村去干点农活养老。

刘：谢谢您的配合，访谈到这里就结束了，麻烦您了。

薛：别客气。

**个案访谈记录五：成都市××楼盘小区物管公司　苟某**

**访谈时间：** 2020 年 1 月 12 日

**访谈对象：** 苟某（以下简称苟），女性，56 岁，身高 157 厘米，体重 67 千克，身体亚健康。

××小区位于成都市九眼桥附近，苟某在该小区做清洁工。该小区楼盘共 41 层，属于超高层，苟某负责其中一单元从 1 楼到 40 楼的所有公共区域的卫生服务工作。

**访谈内容：**

陈：您好，我们现在在做一个关于农民工就业状况的调查，耽误您一点时间聊聊您的工作经历和现在的工作情况。

苟：好的，没有问题。

陈：麻烦您先简单地介绍一下你的基本情况，比如哪里人、年龄，家里有几口人、婚否与孩子等状况。

苟：好的。我今年 56 岁，四川南充某县农民，家里有两个儿子。老大已经结婚生子，媳妇在家带娃；老二在成都一家快递公司打工，没结婚。

我老公也在成都建筑工地干活。

陈：你是什么文化水平？目前你在这家物管公司主要做什么工作？

苟：我小学毕业。我在这家物业公司做清洁工，主要负责该小区 3 单元 1 楼到 40 楼公共区域的卫生工作。

陈静：你是一直都在工地打工吗？有别的打工经历吗？

苟：没有。之前我也是做保洁。

陈：您一直做保洁，就没有想过要学点技术吗？

苟：我文化水平低，同时也没有机会去学习。

陈：目前这份工作是你自己应聘的吗？

苟：这份工作是我一老乡介绍的，他在这家物业公司当保安。

陈：你目前这份工作每个月工资多少呢？

苟：基本工资 1 800 元。

陈：你对目前的工资满意吗？

苟：不满意。

陈：你在这里打工，老板有购买"五险一金"吗？

苟：没有。不过，我在农村买了新农合的。

陈：你们可以带薪休假吗？

苟：一个月可以休息 4 天。

陈：像生病可以请假休息吗？

苟：生病肯定要请假。

陈：一般情况下，你每天大概工作多长时间呢？

苟：我们保洁工作的主要特点是早起，每天大概工作 9 小时。

陈：正常情况下一周工作时间有 54 小时了？

苟：是的。

陈：你工作的时候有遇到什么安全事故吗？

苟：我暂时没有遇到。

陈：你目前这份工作是否可以让你一边工作一边兼顾家庭吗？

苟：根本帮不上忙，兼顾不了家庭的。

陈：老板会强制要求你们加班吗？或者说如果你不加班就会被辞退？

苟：一般不会强制加班，正常上班时间就能完成自己的工作。加班一般会给一定的加班费。领导也没有说不加班就会被辞退的话。

陈：你有加入工会吗？

苟：我没有听说过有什么工会可以参加。

陈：要是你的工资被拖欠，你会去找工会解决吗？

苟：没有加入过工会，就不知道工会的事情了。

陈：你们员工平时有建议可以向主管领导反映吗？

苟：一般是关系到清洁方面的事，我们如果有好的建议还是会给领班说。

陈：你在这里工作有参与过技术培训吗？

苟：有一点简单的培训，但都是关于清洁工作方面的。

陈：你觉得目前这份工作发展前景如何？

苟：我没有文化，只知道把我该干的活干好。

陈：谢谢您的配合，访谈到这里就结束了，麻烦你了。

苟：别客气。